ひょんな偉人ランキング

たまげた日本史

真山知幸
Mayama Tomoyuki

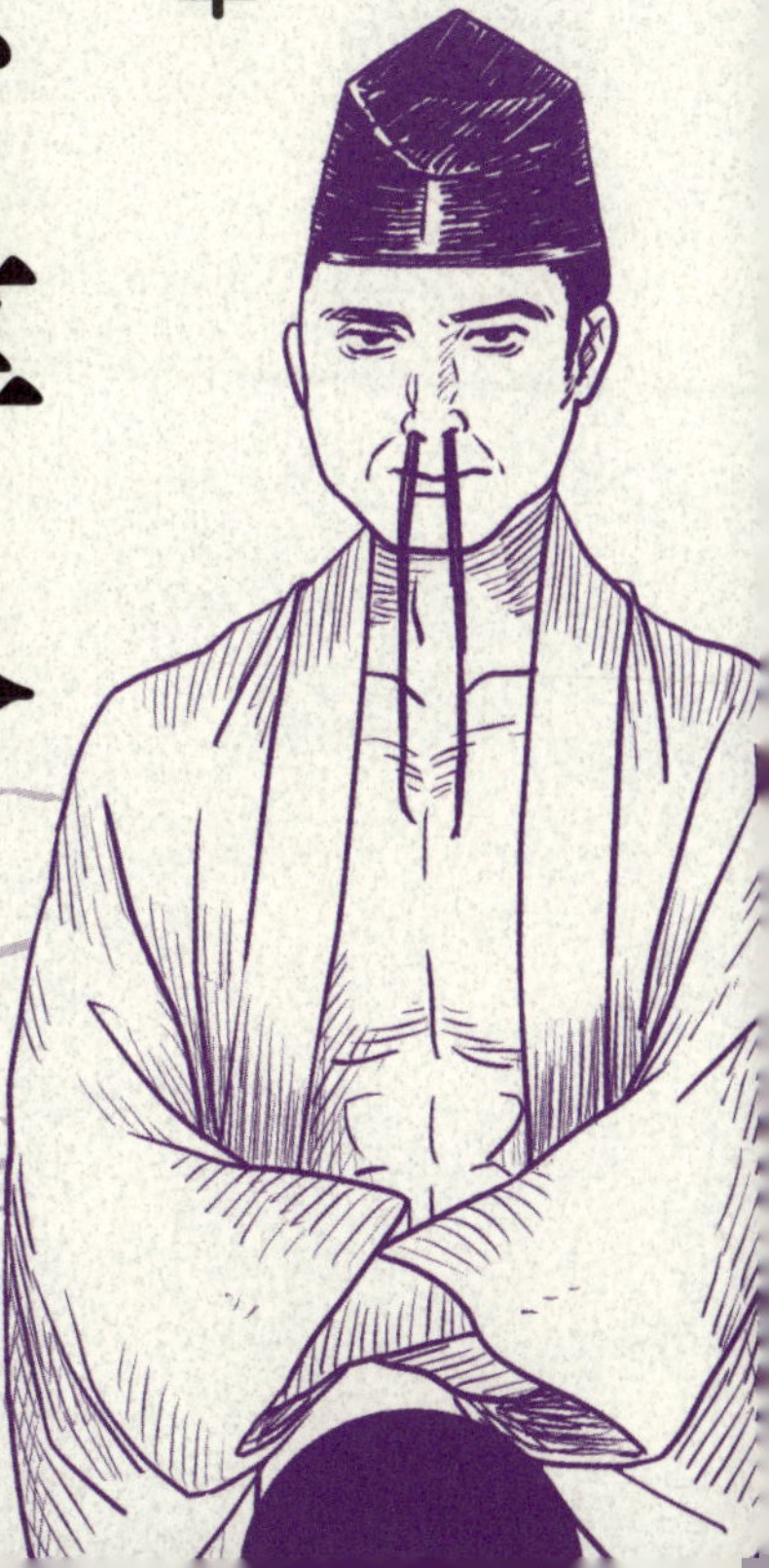

さくら舎

目次◆ひょんな偉人ランキング

第1章　言い負かしの天才

第2章 心をぐっと摑《つか》む天才

第3章　元祖オラオラ系

第4章　実は私、オタクでした

オタク

○○が汚い

子煩悩

第5章　ギャップに萌える

ひょんな偉人ランキング

――たまげた日本史

第1章

言い負かしの天才

モテる

1位 土方歳三《ひじかたとしぞう》

1835年～1869年。農家に生まれたが、江戸の天然理心流・近《こん》藤周助《どうしゅうすけ》の門弟の一人に。のちに近藤勇《こんどういさみ》、沖田総司《おきたそうじ》らと浪士隊に参加。京都守護職・松平容保《まつだいらかたもり》の下で新選組が結成されると副長となる。明治新政府軍との箱館《はこだて》戦争で戦死。

2位 井伊直政《いいなおまさ》

1561年～1602年。15歳から徳《とく》川家康《がわいえやす》に仕える。徳川が北条《ほうじょう》と領地を争った際には22歳の直政が停戦交渉をまとめた。武田《たけだ》旧臣を取り込むと、武田軍の象徴だった「赤備え」も継承。「関ヶ原の戦い」時の傷で死去。

3位 小野小町《おののこまち》

生没年不詳。平安初期の女流歌人で「六歌仙」「三十六歌仙」の一人。仁明《にんみょう》天皇や文徳《もんとく》天皇らに仕えたとも。絶世の美女として伝説化され、謡曲、浄瑠璃、御伽草子などの題材となった。家集に『小町集』がある。

土方歳三は稀代のモテ男

いやいや、実物と違いすぎでしょ！

そうツッコミたくなるほど、歴史人物がキャラクターとして美化されることが最近は多いが、新選組の副長、土方歳三は残された写真からしても、正真正銘のイケメンである。

親子で本人をよく知る八木《やぎ》為三郎《ためさぶろう》は、土方について次のように語った。

「土方は役者のような男だとよく父が云いました。真黒い髪でこれがふさふさとしていて、目がぱっちりして、引き締まった顔でした」

ルックスが良いからといってモテるとは限らないが、土方の場合は、モテまくっていた。

少年時代に早くも、女性トラブルで奉公先を追い出されたこともあったくらいだ。

とりわけ新選組の副長をしていた頃は、絶頂のモテ期だった。名主・小島鹿之助《こじましかのすけ》に「京都に北野、北新地とあちこちの場所でモテまくって困った……」と手紙を書いて、自身のモテぶりを披露している。新選組の規律を厳しく守らせた「鬼の副長」らしからぬ、モテ自慢に、相手も苦笑したことだろう。こんな歌まで残している。

「報国の　心を忘るる　婦人哉」

「モテ過ぎて、国から受けた恩に報いることを、忘れてしまいそう」。おいおい……。

家康も惚れた⁉ 井伊直政

天下をとるために手段を選ばなかった豊臣秀吉《とよとみひでよし》。徳川家康《とくがわいえやす》を従わせるために、関係性を強化しようと目論んで、自分の妹を家康の正室に送り込んだばかりか、母親の大政所《おおまんどころ》まで人質として家康に差し出している。これには、家康も無視するわけにはいかず、秀吉のいる大坂へ。ついに対面を果たし、家康は秀吉に従う姿勢を見せた。

人質としての役目を終えた大政所は、大坂へ帰ることとなった。その帰りの護衛に、大政所は、家康の家臣・井伊直政を指名したという。

というのも、直政は、人質となった大政所のもとを、菓子を持参して度々訪れては、大切な客としてきちんともてなしていた。ほかの接待役の態度が荒々しかっただけに、美形で優しい直政に大政所は魅了されたという。

直政の美しさは、男色ではなかった家康ですらも、惚れかけたほどだったというから、大政所が可愛がったのも無理はない。直政が家康の家臣となったのは、15歳のとき。鷹狩りの途中で、直政を見かけて家康が声をかけたのが、きっかけだったと伝えられている。

歴史ある名門の井伊家の生まれで、かつ、ルックスも良いとあって、家康には、ずいぶんと重宝されている。礼儀正しく所作も美しい直政は、徳川代表の使者として、他の大名

との交渉にあたるのにも、ぴったりだったようだ。

凍死するほど君が好き。小野小町

楊貴妃《ようきひ》、クレオパトラに並んで「世界三大美女」の一人とされている、小野小町だが、実際に美人だったかどうかはわかっていない。

しかし、小野小町が多くの男性にモテたのは、確からしい。深草少将《ふかくさのしょうしょう》は小野小町に夢中になった一人だ。恋文を送るも相手にしてもらえないでいると、小野小町はこんなことを言い出したという。

「百夜訪ねて来てくれたなら、お心に従いましょう」

3ヵ月以上、連日通うことになると思うと、なかなかたいへんだ。それでも恋は盲目。深草少将は雨の日も風の日も、せっせと小野小町のもとに通った。

そして、ついに、百夜目。ようやく小野小町と恋人になれる！　深草少将はさぞ楽しみにしていたに違いないが、百夜目にちょうど大雪に見舞われてしまう。寒さと疲労がピークに達し、そのまま凍死してしまったという。あと少しだったのに……。

何かと思わせぶりな態度をとった小野小町。現代ならば「あざとテクニック」をSNSで発信して人気者になっていたかも？

芸人になれそう

1位 前田慶次《まえだけいじ》

1533年～1612年（諸説あり）。滝川《たきがわ》一族の出身で、前田利家《まえだとしいえ》が金沢《かなざわ》に入ってから阿尾《あお》城を預かるが出奔。上杉景勝《うえすぎかげかつ》に仕えた。その奔放な生き方から「傾《かぶ》奇者《きもの》」として知られる。「前田慶次」は通称であり、本名は「前《まえ》田利益《だとします》」。

2位 清少納言《せいしょうなごん》

966年～1025年。平安時代を代表する作家・歌人。著名な歌人である清原元輔《きよはらのもとすけ》のもとに生まれて、一条《いちじょう》天皇の皇后・定子《ていし》の女房として仕えた。代表作は「春は、あけぼの」のフレーズで知られる『枕草子《まくらのそうし》』。紫式部のライバルとも。

3位 御木本幸吉《みきもとこうきち》

1858年～1954年。三重《みえ》県のうどん屋に生まれた。海産物取引などに従事したのち、真珠貝の養殖を決意。1905年に世界初の真円真珠の養殖に成功。「ミキモトパール」として世界中に販路を拡大し「真珠王」と呼ばれた。

予測不可能！　前田慶次

「笑いの基本は裏切りだ」と言ったのは、ダウンタウンの松本人志《まつもとひとし》だが、型破りな行動で周囲を圧倒することにおいて、戦国武将の前田慶次の右に出る者はいなかった。

風呂屋に出向いたときのことだ。慶次はおもむろに短い日本刀を持って入浴。居合わせた入浴中の武士たちがみな驚いたことは言うまでもない。斬られてはたまらないと、おのおのがいったん自分の刀を取りに行ってから、また風呂に戻ることに。

「一体、こいつは刀でどうするつもりだ？」

みなが注目していると、慶次はただ刀を使って自分の足の裏についた垢を削り出したという……紛らわしいことすな！

突拍子がないこの男、本名は「前田利益《まえだとします》」といい、叔父にあたる前田利家《としいえ》に仕えていた。しかし、日頃からふざけた態度ばかりで、利家からはたびたび苦言を呈されていたらしい。

真冬の寒い日のことだ。慶次は利家に「心配かけてすみません。これからはマジメになります」と神妙な顔で詫びて、利家を自宅に招待すると、こう促した。

「寒かったでしょう。風呂を用意してますのでどうぞ」

利家としても嬉しかったことだろう。あいつもようやくわかってくれたか。感慨に浸り

ながら、風呂場に向かい湯船に入ったところ……なんと湯船のなかは冷水！

「あのバカ者を連れてこい！」

湯船から飛び出した利家がそう言ったときには、慶次の姿はすでになかった。そのまま前田家を出ていった慶次は、京などを転々としたのち、上杉家のもとへ。上杉景勝《うえすぎかげかつ》に仕えるとき、慶次は3本の大根を手土産として持参し、こう言った。

「大根は見かけが悪いものの、噛めば噛むほど味がでる。拙者も同じである」

なんだか大喜利も強そうな、慶次。お笑い芸人になれば、予測不可能な言動で、バラエティ番組を盛り上げてくれることだろう。

清少納言は元祖「あるあるネタ」の達人

日本三大随筆の一つとされている『枕草子』。「春はあけぼの〜」の出だしで有名だが、改めて中身を読んでみると、お笑い芸人のネタ帳のようだ。

「はしたなきもの。異人を呼ぶに、〈我ぞ〉とさし出でたる」

古文で読むとなんだか格調高いが、言っていることは……。

「気まずいときー！　他の人が呼ばれたのに、〈え、私？〉と勘違いしたときー！」

今でも共感できる「あるある」ネタが連発なのだ。こんなことも。

「おのづから、人のうへなどうちいひそしりたるに、幼き子どもの聞き取りて、その人のあるに、いひ出でたる」（気まずいときー！　人の噂話や悪口を言っているのを小さな子どもが聞いていて、本人に伝えたときー！）

『枕草子』の作者は、平安時代に活躍した清少納言である。「滅多にないものー！　姑にかわいがられるお嫁さん！」などの毒舌ネタも大得意。ピン芸人としての素質は無限大だ。

一発芸が光る「真珠王」の御木本幸吉

お笑い芸人にはお決まりのフレーズがつきものだが、実業家の御木本幸吉はこう言った。

「世界中の女の首を真珠でしめてご覧にいれます！」

なんだか恐ろしいが、御木本は、世界で初めて真珠を人工的に養殖することに成功。発明王トーマス・エジソンも驚愕する偉業で「真珠王」と呼ばれた。

御木本には、意外な特技があった。貧乏で学校に行けなかった分、御木本はどんなことでも積極的に学んだ。若い頃に狂言師から教わったのが、伝統芸「足芸」である。仰向けになって足で傘や球を転がす芸で、商談で披露しては、大いに盛り上げたという。

恐れ多くも御木本は明治天皇の前でも、この足芸を披露。陛下をたいそう喜ばせたというから、舞台度胸は申し分なし。足芸をやりながらネタをやれば、インパクト大だ。

話がうまい

1位 北条政子《ほうじょうまさこ》

1157年〜1225年。伊豆《いず》の豪族・北条時政《ときまさ》の娘として生まれた。鎌倉《かまくら》幕府を開いた源頼朝《みなもとのよりとも》の正室。2代将軍の頼家《よりいえ》、3代将軍の実朝《さねとも》の母。頼朝の亡き後は、鎌倉幕府の実権を握った。「尼将軍」の異名を持つ。

2位 勝海舟《かつかいしゅう》

1823年〜1899年。江戸生まれ。ペリーの黒船来航を受けて、幕府に提出した意見書が評価される。咸臨丸《かんりんまる》で渡米したのち、神戸海軍操練所を開設。軍艦奉行や陸軍総裁に就任。西郷隆盛《さいごうたかもり》と話し合いをし、江戸《えど》城の無血開城を実現させた。

3位 升田幸三《ますだこうぞう》

1918年〜1991年。広島《ひろしま》県生まれ。日本一の将棋指しをめざし、15歳で家を出る。「名人」「王将」「九段」と将棋史上初の三冠制覇を成し遂げた。新手や新戦法を編み出した棋士への「升田幸三賞」が設けられている。

北条政子、歴史を動かした伝説のスピーチ

「……なんか最近、この会社の状況、ヤバくね？」
社員にそう思われ始めたら、社内に不信感が広がる速さは、光のごとし。悲惨なのは、そんななかでも士気を上げていかねばならない、リーダー職である。自分も経験したことがあるが、あまりに地獄で、すぐに職務を放り出してしまった。

しかし、鎌倉幕府が存続の危機に陥ったとき、「尼将軍」と呼ばれた北条政子は、逃げなかった。初代将軍で夫の源頼朝《みなもとのよりとも》は落馬して死亡し、2代将軍で長男の源頼家《みなもとのよりいえ》は内ゲバで殺されてしまう。そのうえ、3代将軍で次男の実朝《さねとも》までが暗殺されたのだから、政子の悲しみはどれほどのものだったか、想像もできない。

子のいない実朝の死によって将軍の座が空位となると、朝廷の権威を取り戻すべく、後《ご》鳥《と》羽《ば》上皇は立ち上がる。実権を握っていた北条義時《よしとき》に討伐令を出すと同時に、在京の御《ご》家《け》人《にん》たちを自分たちの味方に、どんどん引き入れてしまった。

朝廷を敵に回すことになった御家人たちが、動揺したのも無理はない。もう鎌倉幕府はダメなんじゃないか。そんなときに、大演説をぶったのが、北条政子だった。

「みな、心を一つにして聞きなさい。これは私の最後の言葉です」

そう前置きをして、御家人たちの耳目を集めてから、政子は亡き夫、頼朝のおかげで、武士の地位が向上し、どれだけ領地が増えたかを語り、こう呼びかけたのである。

「その恩は山よりも高く、海よりも深い。その恩に報いる志が浅くありませんか?」

これを聞いた御家人たちはみな涙して、鎌倉幕府の存続のために戦うことを決意。一枚岩となって、上皇軍を打ち破ってしまう。政子の演説力、おそるべしである。

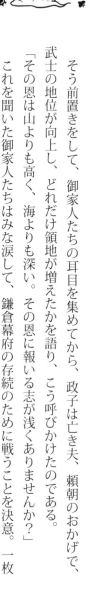

龍馬も西郷も心酔! 勝海舟のトーク力

「話せばわかる」と言ったが聞き入れてもらえず、青年将校に暗殺されたのは犬養《いぬかい》毅《つよし》(126ページ参照)だが、話すことで相手にわからせたのが、幕末を生き抜いた勝海舟である。海舟は黒船が来航した時に「鎖国をやめて貿易を行うべきだ」と主張して注目されると、幕府に取り立てられて役人となった。だが、若者の間では「外国を打ち払うべきだ!」という攘夷の考え方が広がっており、あの坂本龍馬《さかもとりょうま》もそんな一人だった。
当時の龍馬は脱藩したものの、日本のために何をすべきかわからずにいた。そこで日本をダメにするに違いない「開国論」を唱えているという海舟を訪ねることにした。
相手の考えによってはその場で斬る——。そんな覚悟で会いに来た龍馬に対して、海舟は「まずは異国に匹敵する国防力を持つべきだ」と熱弁。開国して、貿易を行い、海軍を創らねばならないのだ……と説いて龍馬の心を動かした。海舟はこう振り返っている。

「龍馬はオレを斬りにきたが、なかなかの人物だったな」

海舟は大風呂敷を広げるところがあったので、話の真偽のほどはわからないが、その後、龍馬は海舟に弟子入りを果たす。そして海舟とともに、海軍設立のために奔走している。

海舟に魅了されたのは龍馬だけではない。海舟は幕臣にもかかわらず「幕府はもう限界だ。有力藩による共和政治を行うべきだ」と西郷隆盛《さいごうたかもり》に語り、その心をつかんでしまう。西郷は「ほれ申した」と感服し、後に薩長同盟を締結。倒幕後は、西郷と勝は話し合いの末、江戸城の無血開城に踏み切る。海舟の説得力で、江戸は火の海にならずに済んだ。

ＧＨＱを言い負かした升田幸三

戦後、ＧＨＱは軍国的な要素はすべて日本から排除しようと考えて、戦術を練る「将棋」も問題視していた。棋士の升田幸三を呼び出すと「チェスと違って、日本の将棋は、取った相手の駒を自分の兵隊として使用する。これは捕虜の虐待だ」と迫っている。

しかし、升田はひるむことなく「日本の将棋は、捕虜を虐待も虐殺もしない。常に全部の駒が生きておる」と反論。「敵から味方に移ってきても、金は金、飛車なら飛車と、元の官位のままで仕事させる」と胸を張り、将棋の廃止を防ぐのに貢献したとか。

大食い

1位 正岡子規《まさおかしき》

1867年～1902年。愛媛《えひめ》県生まれ。帝国大学文科大学を中退し、新聞『日本』に入社。日清戦争従軍後に脊椎カリエスを患うが、創作活動を続けた。俳誌「ホトトギス」を指導。俳句、短歌の革新運動の旗手となった。

2位 水木《みずき》しげる

1922年～2015年。大阪《おおさか》府生まれ。鳥取《とっとり》県で育つ。第二次世界大戦に従軍し、戦地で左腕を失う。復員後に武蔵野美術学校に入学し、中退。代表作は『ゲゲゲの鬼太郎』で、妖怪漫画の第一人者として活躍した。

3位 谷崎潤一郎《たにざきじゅんいちろう》

1886年～1965年。東京《とうきょう》生まれ。帝国大学国文科に入学後、『刺青』を発表。作家の永井荷風《ながいかふう》に激賞され、耽美主義と称される作風で新進作家として注目される。代表作に『春琴抄《しゅんきんしょう》』『細雪《ささめゆき》』『痴人《ちじん》の愛』など。

死が迫っても食べまくった正岡子規

人生は時に、残酷なほど唐突に暗転する。

正岡子規は、16歳で故郷の松山《まつやま》から上京を果たす。東京大学予備門では、夏目《なつめ》漱石《そうせき》と出会い、ともに文学活動に励んだ。

まさに人生はこれから……というときに、22歳で子規は喀血。当時、結核は不治の病とされていた。いきなり死の影が忍び寄って来たが、それでも子規は絶望しなかった。

その夜、血を吐きながら、子規は50句もの俳句を詠んだ。しかも、結核の代名詞である鳥のホトトギスを指す「子規」を、このときから自分の俳号にするというたくましさ。

残りの人生は10年だと覚悟した子規。29歳で脊椎カリエスを患い、34歳で寝返りすら打てなくなっても、創作に没頭した。そして病床につきながらも、食べに食べまくったのである。身動きが取れないなかで子規が食べた、ある日のメニューがこれだ。

朝―粥4椀、はぜの佃煮、梅干（砂糖漬け）
昼―粥4椀、鰹のさしみ1人前、南瓜1皿、佃煮
夕―奈良茶飯4碗、なまり節（煮て少し生にても）、茄子1皿

すさまじい食べっぷりだが、そのほか2時頃には、ココアを混ぜて牛乳を1合飲み、煎餅、菓子パンなど10個も食べている。さらにデザートとして梨を昼メシ後に2個、夕食後に1個食べているのだから、恐るべき食欲である。

「この頃、食い過ぎて食後いつも吐きかへす」とも。吐くほど食べなくてもいいのに……。

たっぷり寝てたっぷり食べた水木しげる

正岡子規と同じく、漫画家の水木しげるも、ある瞬間を境にして、人生ががらりと変わってしまった。

太平洋戦争に徴兵された水木は、戦地であるパプアニューギニアのラバウルに出征。爆撃を受けて左腕を失ってしまった。戦後、水木は片腕で漫画を描き続けて、『ゲゲゲの鬼太郎』や『悪魔くん』などのヒットを飛ばすことになる。

水木の旺盛な創作活動を支えたのが、丈夫な胃袋だった。幼少期から食い意地が張っていた水木につけられたあだ名は「ズイダ」。方言で「何でも食べる浅ましい者」という意味だ。国旗の上にある金の飾りが、何とも美味しそうにみえた水木。旗竿によじ上ってかじろうとした、という伝説を残している。

戦争中に食糧難に苦しめられたことの反動で、戦後はますます健啖家として食べまくった。妻によると、水木はどちらかというと洋食好きで、大好物のグラタンはあっという間に平らげるため、妻はいつもお替り用に多めに作っていたとか。

水木が食事と同様に、大切にしたのが睡眠である。「人間は寝ることによってかなりの病が治る」という持論のもと、毎日9〜10時間、長い時は12時間もの睡眠をとった。

よく食べて、よく眠る——。そんな生活のおかげか、水木は90歳を超えても新連載をスタートさせ、92歳でマクドナルドのとんかつマックバーガーを完食。93歳で大往生を迎えている。最期の日まで口ぐせは「何かうまいものはないの？」だったという。

火事なのに食べ続けた谷崎潤一郎

手を動かして創作する仕事は、食い意地が張りやすいらしい。俳人の正岡子規、漫画家の水木しげるに続いて、3位にランクインしたのが、小説家の谷崎潤一郎である。

自身で「牛飲馬《ぎゅういんば》食《しょく》」というように、和洋中なんでも来いで、食べまくった谷崎。レストランで中華料理を食べていると、天井で漏電が起きて出火。谷崎はどうしたか。

「他のお客はみな逃げ出したけれども、我等の部屋は幸い階下にて煙が来ないため勇敢に大急ぎで食う」（『疎開日記』）。食べてる場合じゃないよ！

実家が太い

1位 宮澤賢治《みやざわけんじ》

1896年〜1933年。岩手《いわて》県生まれ。盛岡《もりおか》高等農林学校卒業後、花巻農業高校の教師として教鞭を執りながら、多くの詩や童話の創作を行う。退職後は農業の指導に打ち込んだ。代表作に『雨ニモマケズ』『銀河鉄道の夜』など。

2位 牧野富太郎《まきのとみたろう》

1862年〜1957年。高知《こうち》県生まれ。幼少から植物に興味を持ち、独学で学ぶ。東京大学理学部植物学教室で植物分類学の研究に打ち込んだ。新種や新品種など約1500種類以上の植物を命名。日本植物分類学の基礎を築く。

3位 太宰治《だざいおさむ》

1909年〜1948年。青森《あおもり》県生まれ。大地主の息子として裕福な幼少期を過ごす。東京帝国大学仏文科を中退。井伏鱒二《いぶせますじ》に師事。自殺未遂を繰り返し、玉川で入水して38歳で死亡。『斜陽《しゃよう》』『人間失格』『走れメロス』など。

宮澤賢治はボンボンならではの童話を書いた

「雨ニモマケズ風ニモマケズ」

そんな詩のイメージが強いせいか、宮澤賢治は苦労人だと思われがちだ。

だが、賢治の父は質・古着商を営んで財を築いた、岩手《いわて》県の花巻町で指折りの資産家だった。賢治はお金持ちのボンボン息子だったのである。

裕福な家庭に育った賢治は、金銭感覚がめちゃくちゃ。賢治と飲み歩くことが多かった親友によると、温泉でサイダーを飲めば、ウエイトレスにポーンとチップをはずんだという。ウエイトレスが貧しい身の上話なんかをした日には、有り金全部を上げてしまうことも。賢治がサハリン旅行から帰ってきて、友人の料亭に招かれたときもすごかった。芸者を呼んで大宴会になったはいいが、何の芸もない賢治は、持っている金を全部、祝儀として使ってしまったという。

賢治はお金持ちらしく、たいへんなグルメで、当時はまだ珍しかった西洋料理が好きだった。高級レストランに友人を招待したりもしている。さらに賢治は音楽が好きで、レコードの収集家だった。当時レコードは普及し始めたばかりだったので、集めていただけでも十分裕福だが、賢治は高価な蓄音機までそろえていた。針も金属より高価なビクターの竹針を使用するというこだわりぶり。

西洋料理店を舞台にした『注文の多い料理店』は、そんな賢治の裕福な生活があったからこそ生まれた童話だろう。また、賢治は音楽好きが昂じて自身もチェロを習った。『セロ弾きのゴーシュ』は、自身の音楽経験なしには生まれなかったかもしれない。

牧野富太郎は裕福な実家を破産させた

「日本の植物学の父」と呼ばれる、植物学者の牧野富太郎。NHK連続テレビ小説『らんまん』でその生涯が描かれたが、研究に打ち込めたのは実家の財力のおかげだった。
富太郎は、高知《こうち》県高岡郡佐川《さかわ》町の「岸屋」という裕福な造り酒屋に生まれた。幼い頃に両親を亡くしたため、祖父の後妻である祖母に育てられている。血縁がなくとも孫がかわいかったのだろう。祖母は、富太郎にほしい書物はなんでも買い与えた。
もちろん、本を買うお金を惜しまないのは子どもの教育によいことだが、富太郎の場合はスケールが違う。19歳のときには内国勧業博覧会を見るため、奉公人2名を伴って、わざわざ高知県から上京し、書籍や顕微鏡を「爆買い」したという。
そんな環境で育ったため、実家を出てからも、富太郎は金遣いが粗かった。地方に行くときは一等車に乗り、一流の旅館に泊まるのがあたりまえ。研究のためには私財を使い果たし、裕福な実家をも破産させてしまった。それでも身の丈に合った生活をするという発想がまるでなく、自分の俸給の千倍もの借金を抱えた。実家が太すぎるのも考え物である。

家族からすればたいへんすぎる男、太宰治

小説家の太宰治は、青森《あおもり》県で有数の大地主の6男として生まれた。尊敬する芥川龍之介《あくたがわりゅうのすけ》が自殺したことにショックを受けて、文学活動に傾倒。学生時代には、父をモデルにした悪徳地主物語『無間奈落』を同人誌に投稿し始めるが、兄から叱責されて、連載2回目で中断させられている。

その後、太宰は何かと人生に絶望すると、自殺未遂を繰り返し、そのたびに、打ち切られる予定だった実家からの仕送りを引き出すことに成功。自殺未遂を繰り返すことについて、友人から批判されると、太宰は「処世術とは考えられないかなあ」と口にしたという。

多くのファンを魅了した太宰も、実家からすれば、厄介者以外の何者でもなかった。実家が名家ならば、なおさらである。長兄の津島文治《つしまぶんじ》は、弟の太宰治についてこう語った。

「ほんとうに世間にご迷惑をかけて申し訳ないというのが、私の偽らざる気持ちです。とにかく、ああいう大将が一家から出ますと、一族の者は弱ってしまいます」

でしょうね……。

性格に難あり

1位 千利休《せんのりきゅう》

1522年～1591年。堺《さかい》の商家で長男として生まれて、北向道陳《きたむきどうちん》に茶の湯を学ぶ。その後、武野《たけの》紹鷗《じょうおう》や辻玄哉《つじげんさい》に師事。織田信長《おだのぶなが》や豊臣秀吉《とよとみひでよし》らの天下人に仕え、わび茶を大成させる。のちに秀吉の怒りに触れて自刃《じじん》した。

2位 中大兄皇子《なかのおおえのおうじ》

626年～672年。舒明《じょめい》天皇を父に、皇極《こうぎょく》天皇を母に持つ。中臣《なかとみの》鎌足《かまたり》らと計画し、蘇我入鹿《そがのいるか》を暗殺するクーデターを起こし、大化の改新を行う。長い間、皇太子のまま影響力を持ち、668年に即位すると、天智《てんぢ》天皇となった。

3位 北大路魯山人《きたおおじろさんじん》

1883年～1959年。京都《きょうと》府生まれ。書家を志して上京。日本美術展覧会で隷書の「千字文」で一等を受賞。その後、陶芸に打ち込みながら、会員制の「美食倶楽部」や高級料亭「星岡茶寮《ほしがおかさりょう》」を運営。独自のもてなしの世界を築いた。

ザ・面倒くさい男、千利休

茶人の千利休は、極限まで無駄を省く「わび茶」の大成者として、戦国時代にその名を轟かせた。織田《おだ》信長《のぶなが》や豊臣秀吉《とよとみひでよし》ら天下人に愛されたことでも有名だが、性格は結構ややこしかった。

『茶湯古事談《ちゃのゆこじだん》』によると、利休が思い立って、まだ夜も明けぬ時分に摂津国《せっつのくに》の茶人を訪ねたことがあった。この時点で割と迷惑だが、相手の茶人は「これはこれは！」と驚きながら、利休を迎え入れた。掃除が行き届いた部屋に招かれ、柚子味噌のみで仕立てた膳をご馳走になる。

思わぬもてなしに心を動かされた利休。しかし、酒を一杯飲み終わった頃合で、「昨日、大坂からもらったものです」と、ふっくらしたかまぼこが出されたことで、利休は急にがっかり。

「さては、私が立ち寄ることを誰かから聞きつけて、掃除をして、趣向も調えていたのだな」

別にいいじゃないかと思うが、利休は「初めの驚いた態度も作り物か……」とすっかり興ざめ。「急用ができたので帰ります」と、相手が引き留めるのも聞かずに帰ってしまっ

た。何とも面倒くさい性格だ。

またあるときは、息子の少庵《しょうあん》が小座敷の天井に突上げ窓を二つ開けると、利休は「ありえない。燕が羽を広げたようで見られたものではない。ふさげ」と命令。その日のうちにふさぐと「それでよい」と満足したが、後日、利休の屋敷に行くと、座敷に突上げ窓が二つ！　少庵が愕然として「どういうことですか！？」と聞くと、利休はこう答えた（『茶《ちゃ》道四《どうし》祖《そ》伝書《でんしょ》』）。

「茶の湯の世界では親も子もない。自分が二つ開けるために、お前のほうを塞がせたのだ」

子ども、グレるぞ……。

天皇を利用してポイッした中大兄皇子

中大兄皇子というと、飛鳥時代に「大化の改新」を行った……というくらいの印象しかないことだろう。だが、『日本書紀』を紐解くと、やっていることはかなりえげつない。

645年、中大兄皇子は中臣鎌足《なかとみのかまたり》とともに、蘇我入鹿《そがのいるか》を暗殺。「乙巳《いっし》の変」と呼ばれるこのクーデターにより、これまで実権を握っていた蘇我氏は滅亡する。

当初は、中大兄皇子が母の皇極《こうぎょく》天皇から天皇の座を引き継ぐとみられた。しかし、本

人は固辞して、皇極天皇の弟である軽皇子《かるのみこ》を推薦した。軽皇子は就任の要請を三度も断ったが、最終的には引き受けて、孝徳《こうとく》天皇として即位する。

しかし、実権を握ったのは20歳の中大兄皇子で、50歳の孝徳天皇を矢面に立たせながら、「大化の改新」を断行する。そして散々、孝徳天皇を利用しておきながら、都の場所について意見が合わなくなると、孝徳天皇を難波《なにわ》宮に残して、飛鳥へと帰ってしまった。それも、孝徳天皇の皇后や臣下の者まで引き連れて……。

独りぼっちになった孝徳天皇は、失意のなか崩御。息子の有間皇子《ありまのみこ》は、謀反の罪で処刑されたというから悲惨である。一方の中大兄皇子は668年に天智《てんぢ》天皇として即位。強引な手法で改革を進めるなど、強権を誇った。仕事はできるが、怖い男である。

北大路魯山人はピカソをまぬけよばわり

書家や陶芸家でありながら、美食家や料理家としても活躍した、北大路魯山人。マンガ『美味しんぼ』の海原雄山《かいばらゆうざん》のモデルになった人物だけあって、なかなかクセが強かった。

会員制の高級料亭を設立するが、使用人に罵声を浴びせ、職人を次々と解雇。画家のピカソと対面したときには、作品を収める桐箱を褒められたことに立腹し「このまぬけが。私の作品は箱の中だ！」と言い放った。ヤバすぎて料亭の経営者から追放。暴君すぎ！

読書家

1位 徳川家康《とくがわいえやす》

1543年〜1616年。岡崎《おかざき》城主の松平広忠《まつだいらひろただ》の嫡男として、岡崎城に生まれる。今川《いまがわ》家や織田《おだ》家で人質生活を送るも独立。織田信《のぶ》長《なが》と清洲《きよす》同盟を結び、三河国《みかわのくに》を統一。勢力を拡大し関ヶ原《せきがはら》の戦いにも勝利。1603年に征夷大将軍となり、江戸幕府を開く。

2位 江藤新平《えとうしんぺい》

1834年〜1874年。佐賀《さが》藩士の父のもとに生まれて、藩校弘道館に学ぶ。明治新政府が発足すると、司法省の初代司法卿に就任。司法制度の整備や民法制定などに尽力する。征韓論争に敗れて下野。佐賀の乱で敗北し処刑される。

3位 広岡浅子《ひろおかあさこ》

1849年〜1919年。豪商の三井《みつい》家に生まれる。加島屋《かじまや》に嫁いで、明治維新後に家業を再建させる。炭鉱経営に乗り出し、加島銀行も設立。大同生命の創業にも参加した。日本女子大学校の創設にも尽力し、女子教育の発展にも貢献。

徳川家康は膨大な読書量で天下人となった

２０２２年の大河ドラマ『鎌倉殿の13人』の最終回では、異例の演出が話題となった。次年度の大河ドラマ『どうする家康』の主人公・松本潤《まつもとじゅん》演じる徳川家康が、サプライズで登場したのだ。鎌倉時代から江戸時代へとつなげたのが、歴史書の『吾妻鏡《あづまかがみ》』である。寝転んで『吾妻鏡』を読む若き家康について、こんなナレーションで解説された。

「熱心に『吾妻鏡』を読んでいるこの男は、のちの征夷大将軍、徳川家康。彼もまた、坂東に幕府を開くことになる。家康は『吾妻鏡』の愛読者であった」

実際に読書家だった家康は、歴史書はもちろんのこと、中国の政治論書や兵法書などを幅広く読んでいたらしい。家康の私設図書室である駿河文庫は、約１万冊の蔵書を誇る。和書ならば『日本書紀』『続《しょく》日本紀』『延喜式』『吾妻鏡』『建武式目』『源平盛衰記』、漢籍ならば『貞観政要』『周易』『論語』『中庸』『大学』『六韜《りくとう》』『三略』『史記』『漢書』『群書治要』などを所持していた。なかでも、家康が愛読したのが『吾妻鏡』だった。

『吾妻鏡』は、鎌倉幕府による公式の歴史書で、源頼朝《みなもとのよりとも》が挙兵してから、どのように幕府を作ったかが描かれている。家康は自身が、江戸幕府を開くにあたり大いに参考にしたようだ。

頼朝は清和源氏《せいわげんじ》の血縁を「御門葉《ごもんよう》」として、政治の補佐を担わせている。家康が将軍家の血筋を絶やさないために、尾州《びしゅう》、紀州《きしゅう》、水戸《みと》を「御三家」としたのは、『吾妻鏡』を読んで頼朝の影響を受けたから、とも言われている。

「織田がつき 羽柴《はしば》がこねし天下餅 座りしままに 食ふは徳川」

そんな狂歌が流行ったように「家康は機会をひたすら待って、美味しい思いをした」というイメージがある。しかし、ただ待っているだけで、天下が手に入るわけもない。信長や秀吉にはない「読書の習慣」によって、家康は盤石な江戸幕府を作りあげたのである。

本で磨いた知性が仇となり処刑された江藤新平《えとうしんぺい》

「本を読んでも江藤新平のようにはなるな」

中央から政治を変えなければと、佐賀《さが》藩を一度は脱藩した江藤新平。限界を感じて故郷に帰ると、地元ではそんな陰口を叩かれた。それでも寺子屋で子どもたちに教えることで、なんとか生活費を稼ぎながら、本を読むことをやめなかった。

苦しい時ほど読書をすると、決めていたのだろうか。新平は父の失脚で貧しい生活を余儀なくされた幼少期も、ひたすら本を読んで空腹を耐え凌いだ。借りたい本があれば、夜中でも激しい雨が降るなか、往復20キロもある友人の家まで走っていったという。

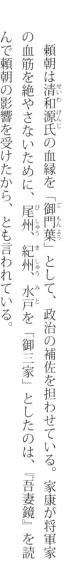

やがて新平は明治新政府に取り立てられて、初代司法卿に就任。読書で得た知識を武器に大きく羽ばたくが、その才覚に足をとられる。新平は実力者の大久保《おおくぼ》利通《としみち》をも議論でやりこめて、両者は対立。最終的には、新平は斬首のうえ晒し首に……。政争に身を投じなければ、その能力が国づくりにより活かされただろう。何とも惜しい気がしてならない。

広岡浅子は読書で苦境を打開した

広岡浅子は嫁いだ先の夫がまったく働かない男で、家業が傾きかけていた。「このままでは、まずいことになる」と、危機感を持って本を読みまくったようだ。こう振り返っている。

「簿記法・算術・その他、商売上に関する書籍を、眠りの時間を割いて、夜毎に独学し、一心にこれが熟達を計りました」

ハードな日々だが、浅子は生き生きとしていたことだろう。というのも、もともと本が大好きだったのに、実家では花嫁修業を優先させるべく「読書禁止」を言い渡されていた。その点、嫁ぎ先の夫は自分がぐうたらする代わり、妻の行動に口出しもしなかったのだ。日々活字を追い続けた浅子は、独学で情報収集をした結果、石炭のニーズが高まると確信。自ら金策に走り回り、石炭事業に乗り出すことを決意する。屈強な男たちとともに自ら現場に立って悪戦苦闘しながら、新事業を見事に成功させた。

FIFA蹴鞠ランキング

1位 藤原成通《ふじわらのなりみち》

1097年～1162年。平安時代後期の公卿・歌人で、権大納言・藤原宗通《ふじわらのむねみち》の４男として生まれた。左中将を経て参議、正二位となり、大納言に至った。多芸な文化人で、蹴鞠《けまり》のほか、笛・乗馬・和歌などの達人でもあった。

2位 今川氏真《いまがわうじざね》

1538年～1614年。今川義元《いまがわよしもと》と武田信虎《たけだのぶとら》の娘との間に生まれる。家督を継承して間もなく、「桶狭間《おけはざま》の戦い」で父が戦死。武田・徳川《とくがわ》・北条《ほうじょう》氏らに領地を奪われる。徳川家康《いえやす》の庇護を受けながら、文化人として生きた。

3位 大友宗麟《おおともそうりん》

1530年～1587年。大友義鑑《おおともよしあき》の長子として、豊後《ぶんご》府内に生まれる。北九州6か国を支配した。キリスト教に帰依しキリシタンを保護し、ローマ教皇に少年使節を派遣。南蛮貿易にも力を注ぎ、西洋文化を積極的に取り入れた。

右足だけで300回リフティングをした藤原成通

「明日、サッカーの試合、必ず観に来てね！」

子どもにそう言われたら応援に行かねばと張り切るのは、いつの時代の親も同じらしい。鎌倉幕府の第2代将軍、源《みなもとの》頼家《よりいえ》は大の蹴鞠好きだった。お披露目会には、母の北条《ほうじょう》政《まさ》子《こ》が応援にかけつけている。

政治のほうはからきしダメで、蹴鞠に夢中になった頼家。しかし、蹴鞠好きにも、上には上がいる。「ＦＩＦＡ蹴鞠ランキング」がもしあったなら、堂々たる1位は、白河《しらかわ》上皇の側近で「蹴聖《しゅうせい》」とも称された藤原成通で異論はないだろう。

『成通卿口伝日記』によると、成通は若い頃、２０００日連続で蹴鞠を行ったという。実に5年以上、毎日、欠かさず蹴鞠に励んだことになる。

鍛錬の甲斐あってか、成通はきちんと身繕いをした状態で、３００回以上リフティングしたともある。蹴鞠はすべて右足で蹴ることを思えば、まさに蹴鞠の達人だ。成通が上空に鞠を蹴り上げたら、鞠はつむじ風に巻き上げられて、雲のかなたに消えていったという。

父と清水寺に参拝したときのことも語り草になっている。成通は鞠を蹴り上げながら、清水の舞台の高欄を何度も往復したというから、まるでサーカスである。同行した父から

は「何やってんだ、お前！」と激怒されたようだが、当然だろう。

身内からも呆れられるほどの蹴鞠バカ、それが藤原成通である。成通は、蹴鞠上達の祈願のために熊野詣を50回以上行っている。これ以上、うまくならなくても……。

今川氏真は親の仇・信長の前で得意の蹴鞠を披露

大番狂わせとは、まさにこのことだろう。織田《おだ》信長《のぶなが》は1560（永禄3）年、桶狭間《おけはざま》の戦いで、大軍を率いる今川義元《いまがわよしもと》を討ち、大金星をあげている。

かわいそうなのは、義元の嫡男、今川氏真だ。父の命が奪われた悲しみに暮れる暇もなく、弱体化した今川家を、当主として支えていかなければならなくなった。

だが、残念ながら氏真に、戦の才能はなかった。甲斐《かい》の武田信玄《たけだしんげん》と、三河の徳川家康《とくがわいえやす》に、容赦なく領地を切り取られていく。やがて氏真は掛川《かけがわ》城を開城して、家康に降伏。大名としての今川家は、滅亡の道を辿る。

しかし、何が幸せなのかわからないのが人生だ。以降、氏真は家康の庇護の下、京都で公家たちと交流。文化人として和歌や蹴鞠を存分に楽しみ、第2の人生を謳歌している。

1575（天正3）年には、信長のところにも挨拶に行き、京都の相国寺《しょうこくじ》で会見を果たした。『信長公記《しんちょうこうき》』によると、このとき氏真は信長から、蹴鞠をリクエストされたようだ。

信長は氏真にとって親の仇である。それでも氏真は、大好きな蹴鞠を披露できると、張り切っていたようだ。蹴鞠の師である飛鳥《あすか》井《い》雅教《まさのり》父子《ふし》ほか、10人の蹴鞠レジェンドを集結させて、もちろん自身も参加。ハイレベルな蹴鞠を披露し、信長を満足させたという。

戦より鞠を蹴りたい戦国大名・大友宗麟

現在の大分《おおいた》県、豊後《ぶんご》国を治めていた大友宗麟は、一風変わった戦国大名である。猛者《もさ》たちが国内での領地争いに明け暮れるなか、海外戦略に目を向けていた。宣教師たちにキリスト教の布教を認めることで、積極的に他国と貿易を行い、財を築き上げている。

もともと病弱だった宗麟。戦場で暴れ回る勇猛さは持ち合わせておらず、書画、能楽、茶道などの雅を好み、そして氏真と同様に、蹴鞠の名手でもあった。

その腕前はかなりのものだったようで、蹴鞠の名手を意味する「上足《じょうそく》」の呼び名が与えられていたという。30歳のときには室町将軍の足利義輝《あしかがよしてる》によって、蹴鞠の上級者のみが身に着ける装束の着用が許されている。

今川氏真も大友宗麟も、戦国時代ではなく平安時代に生まれていれば、貴族趣味にもっと傾倒していたはず。タイムスリップして、二人が藤原成通のもとに集結すれば、日本有数の蹴鞠パフォーマンスで、観客を魅了したことだろう。

動物と話せそう

1位 西郷隆盛《さいごうたかもり》

1828年～1877年。薩摩《さつま》藩の下級武士の長男として生まれて、藩主の島津斉彬《しまづなりあきら》に取り立てられる。第1次長州《ちょうしゅう》征討では幕府側の参謀として活躍。以後は倒幕へ。明治新政府で参議を務めるが下野。西南戦争で敗北し自刃した。

2位 源実朝《みなもとのさねとも》

1192年～1219年。鎌倉幕府の初代将軍・源頼朝《よりとも》の次男として生まれる。北条《ほうじょう》一族によって2代将軍から解任された兄の頼家《よりいえ》に代わり、3代将軍を務めた。和歌に親しみ、歌人としても活躍。26歳で甥の公暁《くぎょう》に殺された。

3位 伊藤若冲《いとうじゃくちゅう》

1716年～1800年。京都《きょうと》の青物問屋の長男として生まれた、江戸時代の絵師。10代から「狩野《かのう》派」に師事するもなじめずに、中国画の模写に没頭したのち、身近な動植物をモチーフに実物の写生へ。ほぼ独学で日本絵画の頂点に到達した。

20頭も犬を飼った西郷隆盛

薩摩《さつま》藩で幼馴染の大久保利通《おおくぼとしみち》や、長州《ちょうしゅう》藩の桂小五郎《かつらこごろう》らとともに、倒幕に尽力した西郷隆盛。有名な上野の銅像をみてもわかるように、身長約１８０センチ、体重約１１０キロと巨漢だった。明治維新後、西郷の肥満を心配した明治天皇の勧めで、ドイツのホフマン医師に診てもらったところ、こう警告されてしまう。

「このままでは命にかかわります」

西郷は二度の島流しによるストレスと運動不足から「豚同様にて」と自虐的に回顧したこともあるくらいだから、もともと太りがちだったようだ。ぶつ切りにした豚肉を芋焼酎、砂糖、味噌で甘辛く煮込んだものを、味噌汁と一緒に食べるのが好きで、白米やウナギのかば焼きもよく食べた。しかも、甘党で砂糖菓子も好物だった。太るのも無理はない。明治新政府に出仕するようになってからは、多忙さがゆえに、肥満が顕著になったという。医師のホフマンに脅されてから、西郷は犬を連れて山野で狩猟を盛んに行うようになる。西郷の愛犬といえば、上野で銅像が連れているオスの薩摩犬「ツン」が最もよく知られているが、実際のツンは、メスの洋犬だったという。

西郷が可愛がったのはツンだけではない。実に20頭以上の犬を飼っていたというから、大の犬好きである。茶屋にいけば、ほかの面々が芸者に酌をさせるなか、西郷は犬を連れてきて、こう言ったという。

「犬にウナギを出してやってくれ」

西郷は犬と一緒にウナギをむしゃむしゃと食べたかと思えば、さっさと帰ってしまったとか。政府の高官たちとご馳走を食べるよりも、愛犬と食べるほうを選んだ西郷。贅沢に溺れる周囲の政治家に、西郷はほとほとうんざりしていた。犬たちとともに時間を過ごしながら、大いに愚痴をこぼしていたことだろう。

動物の親子愛に心動かされた源実朝

昭和の作家・太宰治《だざいおさむ》といえば、『人間失格』や『走れメロス』などの作品で知られるが、歴史小説にも挑戦していた。その名も『右大臣実朝』。鎌倉幕府3代将軍の源実朝はどんな人生を歩んだのか。実朝の死後20年が経ち、家来が振り返るかたちで書かれた作品だ。

太宰だけではない。小林秀雄《こばやしひでお》、大佛次郎《おさらぎじろう》、吉本隆明《よしもとたかあき》といった評論家や作家たちも、実朝を著述の題材に選んでいる。実朝は将軍でありながら歌人としても活躍した。26歳で暗殺されるという悲劇的な運命もまた、後世の表現者たちを惹きつけているのかもしれない。

実朝は歌人として、次のような歌を残しており、『金槐和歌集』に収載されている。

「物いはぬ　四方の獣　すらだにも　あはれなるかなや　親の子を思ふ」

現代語訳は「モノを言わない四方の獣たちであっても、親が子どもを思いやり、心を通わせる姿に感動してしまう」。言外に「それなのに人間は……」という嘆きを感じさせる。

当時の鎌倉幕府が、常に仲間同士で粛正し合うような、内ゲバ状態だった。

早々と「跡継ぎは作らない」と宣言して周囲を慌てさせた実朝。権力闘争から一刻も早く身を引いて、自然のなかで、動物たちと静かに暮らしたかったのではないだろうか。

動物のコミカルさを水墨画で描いた伊藤若冲

「動物が好きな人に悪い人はいない」と言ったりするが、江戸時代中期に多くの水墨画を残した伊藤若冲は、そのコミカルな作品から人柄が伝わってくる。

ネズミの宴会シーンを描いた『鼠婚礼図』、コロンとした卵形の鶴を描いた『双鶴図』、トラが思惑ありげににやりとした『虎図』や、子犬たちの集まりを書いた『百犬図』など、動物がとにかく可愛くてほっこりさせられるのだ。

「人の楽しむところ一つも求むる所なく」と評される若冲。芸事にも酒にも女にも関心がなく、ただ絵を描くことを好んだ。動植物をモチーフに描いた『動植綵絵《さいえ》』シリーズを42歳から始めると、10年かけて完成へ。日本美術界に確かな足跡を残した。

仲良し夫婦

1位 和宮《かずのみや》と家茂《いえもち》

和宮（1846年〜1877年）は孝明《こうめい》天皇の妹にあたり、15歳のときに、14代将軍の徳川家茂（1846年〜1866年）のもとに嫁ぐ。仲睦まじい夫婦となるも、家茂が大坂《おおさか》城にて病死。一緒に暮らしたのは、2年あまりだった。

2位 前田利家《まえだとしいえ》とまつ

前田利家（1538年〜1599年）の正室「芳春《ほうしゅん》院《いん》」、通称は「まつ」（1547年〜1617年）は、夫を支えて、前田家を豊臣《とよとみ》政権の重要な地位に導く。2002年には二人を題材にしたNHK大河ドラマ『利家とまつ』が放送された。

3位 今川氏真《いまがわうじざね》と早川殿《はやかわどの》

早川殿（生年不詳〜1613年）は、相模国《さがみのくに》の戦国大名・北条氏康《ほうじょううじやす》の娘。甲相駿三国同盟の一環として、駿河国の戦国大名・今川氏真（1538年〜1614年）の正室となる。氏真が領国から退去したのちも、夫に寄り添い続けた。

イヤイヤ結婚したらよい夫婦に――和宮と徳川家茂

まったく気乗りしなかった結婚だったが、思いのほか、仲睦まじい夫婦になることもある。徳川将軍家に嫁いだ和宮の場合が、まさにそうだった。

時は幕末。江戸幕府の弱体化が日に日に深刻になるなか、幕府は朝廷の威光を借りようと、14代将軍の徳川家茂の正室を、天皇家から迎えようと考えた。

白羽の矢が立てられたのが、孝明《こうめい》天皇の妹にあたる和宮である。だが、和宮は7歳のときに、有栖川宮《ありすがわのみや》熾仁《たるひと》との婚約が内定していた。そのため、当初は拒絶していた和宮だったが、兄の孝明天皇から頼まれると、拒み切れなかったようだ。仕方ないので将軍家に嫁ぐ、と孝明天皇に返答している（『岩倉公実記《いわくらこうじつき》』）。

「嫌ではありますが、天皇のために関東に行くことを、よくよく申し入れてください」

由緒正しい有栖川家との婚約を破棄してまで、和宮は泣く泣く京から江戸へ。15歳と同じ年の家茂のもとに嫁ぐことになった。

しかし、幕府の大奥では、浮いた存在となったようだ。というのも、和宮は嫁入りにあたって、髪型、衣服、調度など「すべて京風でつき通す」ことを幕府に認めさせていた。

そんな皇女を大奥が温かく迎えるわけがない。とりわけ、13代将軍の家定《いえさだ》の正室であり、

家茂の養母にあたる天璋院《てんしょういん》（篤姫《あつひめ》）とは確執が生まれて、深刻な嫁姑問題となった。

そんななか家茂は妻の和宮のことを大切にし、ことさら優しく接した。和宮にかんざしを贈ったり、また和宮が乗馬の稽古を見学しているときには、小さなセキチクの花を、家茂自らが摘んで馬上からプレゼントしたりした。家茂は歴代将軍のなかでは珍しく、側室を一人も持たなかったことで知られている。そんな誠実さも和宮の心を解きほぐしたらしい。いつの間にか二人は仲睦まじい夫婦となり、嫁姑の対立も自然に解消されていった。

勝海舟《かつかいしゅう》の『氷川清話《ひかわせいわ》』によると、和宮、家茂、天璋院がそろって庭に出ようとしたときのことだ。家茂の履物だけが下に落ちているのに気がついた和宮は、縁側からピョンと飛び下り、自分の履物を下に置いて、家茂の履物を石の上に置き直したという。

第二次長州《ちょうしゅう》征伐では、和宮は夫の無事を祈り、お百度参りまでした。だが、家茂は大《おお》坂《さか》城で病死。和宮は出家して「静寛院《せいかんいん》宮」と称している。夫婦生活は約2年で終わった。

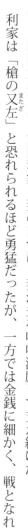

優柔不断な夫の尻を叩く妻ー前田利家とまつ

一言で「仲睦まじい夫婦」といっても、いろんなタイプがいる。加賀国《かがのくに》（現在の石川《いしかわ》県）の戦国大名である前田利家と妻のまつは、妻が夫を叱咤激励して支え続けた。

利家は「槍の又左《またざ》」と恐れられるほど勇猛だったが、一方では金銭に細かく、戦となれば、そろばんを手に兵糧や金銀の量などを自ら計算した。リーダーに金銭感覚があるのは頼もしいが、利家の場合は計算しすぎるがゆえに行動が遅れがちだった。あるときも、敵が攻め込んできているにもかかわらず、利家は「兵の数が足りない……」と計算ばかり。見かねた妻から「この金銀を戦に連れて行き、槍を突かせてはいかがですか？」と叱咤されて、利家は目を覚ます。決死の覚悟で敵に攻めかかり、見事に打ち破ったという。

2男9女と11人の子どもをもうけた二人。利家が目覚ましい出世を果たしたのは、妻まつの存在が大きかったようだ。

戦国時代随一のおしどり夫婦―今川氏真と早川殿

夫婦で長く一緒にいれば、人生の苦難にぶつかることもある。

駿河《するが》の戦国大名である今川氏真は、父の今川義元《いまがわよしもと》の後を継いで、今川家の当主となるが、衰退の一途を辿っていく。苦悩する夫に寄り添ったのが、妻の早川殿だ。実家の北条《ほうじょう》氏を頼ったこともあったが、当主で兄の北条氏政《うじまさ》が今川家の宿敵である武田信玄《たけだしんげん》と手を組むと、早川殿は激怒。夫とともに故郷の小田原《おだわら》を去り、各地を転々としている。

どんなときも、夫の氏真と一緒にいる道を選んだ早川殿。二人の間には、4男1女と5人の子どもが生まれて、「戦国時代随一のおしどり夫婦」と呼ばれている。

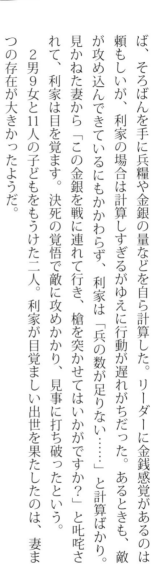

コラム

ぶっ飛び！　世界史人物エピソード

この本では日本の歴史人物たちについて、さまざまな角度からランク付けしながら、知られざる素顔を紹介しているが、個性の強烈さでは海外の偉人も負けてはいない。

スペインの画家パブロ・ピカソは大の女好きで、ナンパや二股は日常茶飯事。地下鉄の出口から出てきた若い女性にいきなりこう声をかけたこともある。

「お嬢さん、君の顔はとても興味深い。君の肖像画を描いてみたい。私はピカソです」

このときピカソは結婚しており、45歳だった。相手の女性は17歳というからいささかアグレッシブすぎるが、しっかりと愛人にしてしまっている。数多くの女性に手を出したピカソは、72歳のときに出会った26歳のジャクリーヌと晩年は過ごす。「モテる」のランキングで上位に食い込むだろう。

発明王のトーマス・エジソンは「忘れ物がヤバい」でランクイン間違いなし。税務署に並んでいる最中に発明のアイデアが浮かぶと、気もそぞろに。順番が来て「お名前は？」と聞かれると、「わかりません」とまさかの回答。その日、税金は払えなかったという。

第2章

心をぐっと掴《つか》む天才

恐妻家

1位 徳川秀忠《とくがわひでただ》

1579年～1632年。江戸幕府初代将軍・徳川家康《とくがわいえやす》の3男として、浜松城に生まれる。関ヶ原《せきがはら》の戦いでは遅参し家康から叱責を受けた。2代将軍に就いてからは、家康と二元体制で統治。「武家諸法度」の実行を徹底した。

2位 足利義政《あしかがよしまさ》

1436年～1490年。室町幕府の6代将軍・足利義教《あしかがよしのり》と側室の日野《ひの》重子《しげこ》の間に生まれる。9歳で将軍職を継いだ兄・足利義勝《あしかがよしかつ》の病死により、8代将軍に就く。政治よりも芸術を好み、引退後に銀閣寺を創建した。

3位 福島正則《ふくしままさのり》

1561年～1624年。母が豊臣秀吉《とよとみひでよし》の叔母だったため、その縁から幼少より秀吉に仕える。賤ヶ岳《しずがたけ》の七本槍の一番槍として勇名を馳せた。関ヶ原《せきがはら》の戦いでは徳川家康《とくがわいえやす》率いる東軍に味方し、勝利に貢献した。

徳川秀忠、隠し子を必死に隠す

江戸幕府2代将軍の徳川秀忠の場合は、結婚が決まった時点で、恐妻家としての運命が決定づけられていたといってよいだろう。

初代将軍の徳川家康を父に持つ、秀忠。お江《ごう》を妻に迎えたのは文禄4（1595）年、17歳のときのことだ。一方のお江は6歳年上の23歳である。いわゆる姉さん女房であり、かつ、お江にとっては、これが3度目の結婚だった。お江は最初の結婚で2人、次の結婚で1人の子をすでに産んでいた。

一方の秀忠はかつて織田《おだ》信雄《のぶかつ》の娘で秀吉の養女・小姫《おひめ》と祝言を挙げたことがあったが、相手が早世したため、事実上の初婚である。なぜ二人は結婚することになったのか。

お江は、近江で浅井《あざい》長政《ながまさ》の3女として生まれた。母は織田信長《のぶなが》の妹、お市《いち》の方である。信長によって浅井家が滅亡すると、幼い3姉妹は秀吉《ひでよし》に引き取られることになる。お江は秀吉の政略結婚の道具にされ、結婚と離縁を繰り返した。

お江が秀忠と3度目の結婚に至ったのも、やはり秀吉の意向だった。お江を徳川家の秀忠に嫁がせて、家康の後継者を豊臣《とよとみ》家に取り込んでおこうと考えたのだろう。一方の家康は有力大名とはいえ、この頃は豊臣家の家臣に過ぎない。豊臣家との関係を強化したいと

考えたため、秀吉と家康の利害は一致することになったのである。

こんな経緯を踏まえれば、豊臣家から迎えたお江に対して、秀忠が下手に出るのも無理はない。人生経験が豊富なお江は、23歳とは思えないほど、どっしりしていたことだろう。秀忠はそんな妻を恐れて、一人も側室を持たなかった。父の家康が2人の正室と20人の側室を持ったのとは、対照的だ。生真面目な秀忠を案じて、家康が美女を寝床に送り込んだが、秀忠はそれを追い返したという逸話さえもある。

だが、そんな秀忠も一度だけ、お静《しず》という女中とこっそり関係を持って、幸松《ゆきまつ》という子を産ませている。お江を恐れて城外で産ませたうえ、秀忠が対面することは許されなかった。その幸松が「保科正之《ほしなまさゆき》」と改名し、3代将軍の家光《いえみつ》と4代将軍の家綱《いえつな》を、側近として支えることになるのだから、人生というのはわからないものだ。

恐妻家は妻をないがしろにしない……というか、できないため、夫婦仲は意外とうまくいく。秀忠はお江におびえながらも、夫婦の間で3男5女と8人の子どもをもうけている。

日野富子は側室4人を追放した

室町幕府第8代将軍を務めた足利義政の奥さんといえば、日野富子《ひのとみこ》である。

「日本三大悪女」の一人とされる富子は気性が荒かった。第一子が生後すぐに亡くなってしまうと、義政の乳母である今参局《いままいりのつぼね》の呪いだと決めつけて、自決へと追い込んでいる。

強烈な妻を持つ義政としては、側室に癒しを求めたいところだが、富子は側室４人を追放してしまう。「もう自分には子どもができないだろう」と義政が諦めて、弟に将軍を譲ることを約束するが、その翌年に富子は、執念で男子を出産。息子を次期将軍にするべく、あちこちに働きかけている。

11年にもおよぶ「応仁《おうにん》の乱」を引き起こした――。そんな悪評を立てられるのも、富子がパワフルすぎるゆえんだろう。むしろ、応仁の乱を終息させるのに、一役買ったことが今ではわかっている。夫の義政はただただ圧倒されて、政治から心は離れるばかりだった。

薙刀を持つ妻から逃亡した福島正則

福島正則は豊臣秀吉《とよとみひでよし》の重臣で、「賤ケ《しずが》岳《たけ》の七本槍」の一人に数えられるほどの猛将だが、飲みの席でも豪快だったらしい。大酒飲みでいつも泥酔してはトラブルを起こした。

ある日、正則が酒を飲んで館に戻ると、タスキに鉢巻姿で薙刀《なぎなた》を持つ妻の姿が……。いつかの浮気がバレたようだと勘づいたときには、すでに危険が迫っていた。妻が薙刀をぶんぶんと振り回しているではないか。「敵に後ろを見せたことはない」といつも豪語していた正則だったが、このときばかりは屋敷の外へ慌てて、逃げ出したという。

気くばり上手

1位 平清盛《たいらのきよもり》

1118年～1181年。伊勢平氏《いせへいし》の棟梁・平忠盛《たいらのただもり》の嫡男として生まれる。「保元の乱」や「平治の乱」で勝利をおさめて、朝廷から武士として初めて太政大臣に任命される。平氏一門の栄華を築き上げた。64歳で病死。

2位 武田信玄《たけだしんげん》

1521年～1573年。武田信虎《たけだのぶとら》の嫡男として生まれる。父を甲斐《かい》国《のくに》から追放し家督を継ぐ。「風林火山」の旗印を掲げた騎馬軍団は「戦国最強」とも。上杉謙信《うえすぎけんしん》とは「川中島《かわなかじま》の戦い」で5度にわたり激闘を繰り広げた。

3位 田中角栄《たなかかくえい》

1918年～1993年。新潟《にいがた》県の寒村に生まれる。「尋常高等小学校（現在の中学校）卒」の学歴ながら、当時最年少の54歳で総理大臣となり、「今太閤」と呼ばれた。日中国交正常化を果たし、「日本列島改造論」を積極的に推進。

人間力で人を感動させた平清盛

平清盛は武士として初めて太政大臣に任じられて平家一門の栄華を築いたが、取り立ててくれた後白河《ごしらかわ》法皇を幽閉したり、都を平安京から福原《ふくはら》に移したりと、やりたい放題。15歳くらいの童を３００人ほど召し抱えては、スパイとして市中に放ち、平家の悪口を言う者がいれば、捕らえて家財まで奪ったという。暴君以外の何者でもない。

だが、『平家物語』は「諸行無常」をテーマにしているだけあって、栄えた清盛をことさら悪く書いたようだ。

鎌倉時代中期の教訓説話集『十訓抄《じっきんしょう》』を紐解くと、清盛の性格について「いみじかりける人なり」とある。この言葉は「とてつもなくすばらしい」もしくは「とてつもなく悪い」のいずれかの意味だ。清盛のことだから後者だろう、と思いきや違う。清盛のことをこう書いている。

「間が悪く、苦々しいことでも、その人がたわむれにいったことだと思い定めて、その人への御愛想に、おかしくないときでも笑い、どんな間違いをしても物を壊してもひどいことをしても、どうしようもないやつだ、などと声を荒らげなかった」

空気の読めない発言があっても「冗談で言ったのだろう」と咎めることなく、また、た

いしておもしろくもないときでも笑い、どんな間違ったことをしても「どうしようもないやつだ！」と声を荒らげることはなかったという。

さらに、冬の寒いときは、仕える侍たちを自分の衣の裾の近くに寝かせてやるという思いやりも見せている。しかも、朝早くに彼らがまだ寝ていたら、起こさないようにそっと抜け出して、気がすむまで寝かせてあげたとも『十訓抄』には記されている。

これらの逸話から「人の心を感ぜしむとはこれなり」（人の心を感激させるのは、こういうことである）と結論づけられているが、同感である。

清盛の気遣いは、いろんな立場の人を立てたようだ。後白河上皇と二条《にじょう》天皇が対立したときも、貴族が両派閥に分かれるなかで、清盛はどちらの味方もしなかったという（『愚《ぐ》管抄《かんしょう》』）。器が大きく、バランス力の優れたリーダー、それが清盛だった。

こんな上司の下で働きたい、武田信玄

コロナ禍で在宅勤務が定着したかと思えば、感染が収束したとみるや、出勤を促す企業が増えてきている。マイペースな在宅勤務が気に入っていた会社員ならば、甲斐《かい》の戦国大名、武田信玄のもとで働きたくなるかもしれない。信玄は次のように言った。

「毎朝の出仕があれば、私用も入れにくいだろう。朝、用事がある者は昼か晩に出仕せよ。

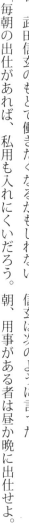

晩に用事のある者は朝出仕せよ。また朝夕に用事のある者は昼出仕せよ」（『名将言行録』）

さらに分国法では「もし自分がルールを破ったら、身分に関係なく目安箱《めやすばこ》へ訴えてよい」と自らを縛るルールまで制定。父の信虎が、かつて家臣たちから反感を買って追放されるのを見ているからか、「家臣ファースト」をモットーとした甲斐の虎・信玄だった。

「メシ食ったか」の一言で部下の心を掴む田中角栄

昭和47年、弱冠54歳で首相の座に就任した田中角栄。農村出身だったことから「今太閤」や「庶民宰相」ともてはやされた。誰かがやってくると、角栄は気さくに声をかけた。

「おい、メシ食ったか」

通産省や大蔵省の大臣を務めていたときは、役人と廊下ですれ違うと「下の坊ちゃん、今年受験だったよな」と気遣いを見せて、相手を驚かせた。家族構成や家族の年齢まで角栄は記憶していたのである。自宅に招くときは奥さんも同行させて、日頃のお礼を伝えた。

「ご主人にお世話になっているものですが、これもひとえに奥さま方のおかげです」

清盛のさりげない優しさ、信玄の相手を守るルール作り、角栄の気さくな声かけ……いずれも、相手が嬉しくなるのは、「自分のことをわかってくれている」と思えるからだ。名リーダーとは「気遣いの達人」とイコールなのかもしれない。

独学の鬼

1位 華岡青洲《はなおかせいしゅう》

1760年～1835年。江戸時代中期に医師・直道《なおみち》の長男として紀州で生まれた。23歳で医学修得のため京都へ遊学。父の跡を継いで診療しながら、麻酔薬の研究に没頭。世界初の全身麻酔による外科手術を成功させる。

2位 上野彦馬《うえのひこま》

1838年～1904年。長崎《ながさき》で蘭学者の上野俊之丞《うえのしゅんのじょう》の次男として生まれた。オランダの書物から湿板写真術を知ると、日本初の写真館として上野撮影局を開業。坂本龍馬《さかもとりょうま》、高杉晋作《たかすぎしんさく》など幕末の志士たちの写真を撮影した。

3位 大杉栄《おおすぎさかえ》

1885年～1923年。香川《かがわ》県で軍人の長男として生まれる。東京外国語学校在学中から平民社《へいみんしゃ》に参加。第一次世界大戦後、無政府主義運動を推進。何度も投獄と釈放を繰り返すなか、獄中生活で語学の習得に励んだ。

華岡青洲は妻を実験台にして全身麻酔薬を開発

麻酔薬がまだない頃の外科手術は、患者にとって地獄の苦しみだったことは、想像に難くないだろう。医師のほうも、耐えがたき痛みに泣き叫ぶ患者に対して手術を続けるのには、大きな精神的な苦痛が伴った。

そんななか、江戸時代の医師、華岡青洲は、独学で全身麻酔薬の開発に成功している。青洲は「曼陀羅華《まんだらげ》」、別名チョウセンアサガオに着目。チョウセンアサガオに数種類の薬草を加えることで、麻酔薬を開発する。

だが、大きな問題が一つあった。それは、人体で実験するにはあまりに危険だということ。動物実験では効果がみられるものの、人に応用できるかどうかという壁にぶつかることとなった。

そんな悩みを抱える青洲の様子をみて、一肌脱いだのが、青洲の母と妻だ。青洲は協力を申し出てくれた二人を実験台にして、自身が開発した麻酔薬を使用。実験を繰り返すなかで、妻はなんと失明してしまう。それでも、青洲は研究を続けて、実に20年の歳月をかけて麻酔薬「通仙散《つうせんさん》」を独学で完成させた。

青洲が通仙散を用いて、世界で初めて全身麻酔による手術に成功したのは1804年、

45歳のときのことである。アメリカのウィリアム・グリーン・モートンが、エーテルを使った全身麻酔手術の公開実験に成功したのが1846年なので、実に約40年も先だって、青洲は偉業を達成することとなった。

独学だからこそ、前人未到の偉業に到達できる。青洲の奮闘は、そう教えてくれているようだ。

幕末に写真道を切り開いた上野彦馬

日本初のプロカメラマンである上野彦馬。名前は聞いたことがなくても、彦馬の作品は誰もが目にしたことがあるはず。有名な懐手姿の坂本龍馬《さかもとりょうま》の肖像写真は、彦馬が撮影したものだといわれている。

彦馬は御用時計師で蘭学者の父のもと、長崎《ながさき》で生まれた。日常的にオランダ語を使う家庭に育っただけのことはあり、勉強熱心だったようだ。家業を継ぐためには洋学、化学を学ぶ必要があったため、医学伝習所でオランダ軍医ポンペ・ファン・メールデルフォールトに化学を学ぶ。そこで彦馬は「ホトガラフィー」という用語と出会い、湿板写真術のことを知ると、独学で写真術の研究に没頭した。

とりわけ苦労したのは、感光材料である。現像用に必要なアンモニアを調達するときには、生肉が付着している牛骨を土中に埋めておいて、腐り始めた頃に、掘り出して釜に入れて、煎じて蒸溜する……といった方法を採っている。

傍から観れば、異様な光景だ。彦馬に直接、苦情をいう者もいれば、奉行所に訴える者までいたというから、独学の道というのは、なかなか険しいものだ。

そんな紆余曲折を経て、彦馬は文久２（１８６２）年、日本で初めて写真館「上野撮影局」を開業する。「写真を撮られると、魂を抜かれる」と信じられていた時代なので、当初はもっぱら長崎に滞在する外国人が顧客だったが、やがて日本人へと客層を広げていく。

彦馬は、坂本龍馬、高杉晋作《たかすぎしんさく》をはじめとする幕末の志士たちの写真を撮影。明治以降も西南戦争の写真を撮るなどの活躍をして、日本写真界のパイオニアとなった。

投獄のたびに語学をマスターした大杉栄

大正時代に活躍した社会運動家の大杉栄は、無政府主義者（アナーキスト）として、政府に対して抵抗運動を展開。何度となく刑務所に入れられている。

獄中で大杉が掲げたモットーが「一犯一語」。つまり、罪を犯して1回投獄されるたびに、何か外国語を一つ、マスターすることを決めた。獄中で語学の勉強に集中した大杉。英語・フランス語・スペイン語・ロシア語・イタリア語・エスペラント語を習得している。

二面性

1位 沖田総司《おきたそうじ》

1842年～1868年。白河《しらかわ》藩士・沖《おき》田《た》勝次郎《かつじろう》の長男として生まれる。9歳頃から天然理心《てんねんりしん》流の試《し》衛館《えいかん》に通う。道場で出会った近《こん》藤勇《どういさみ》らと京都で新選組を結成。一番隊隊長として活躍し「天才剣士」とも評された。

2位 足利尊氏《あしかがたかうじ》

1305年～1358年。源氏の名門である足利家に生まれる。後醍《ごだい》醐《ご》天皇とともに鎌倉幕府を倒す。「建武の新政」を始めた後醍醐天皇と対立すると、離反。1338年に室町幕府の初代征夷大将軍となり、武家による政治を復活させた。

3位 小田氏治《おだうじはる》

1534年～1602年。小田正治《おだまさはる》の子として生まれる。居城である小田城を何度も落城させられた。戦下手なことから「戦国最弱」と呼ばれる一方で、そのたびに奪還にも成功したことから、「常陸《ひたち》の不死鳥」とも。

沖田総司は農民相手にも容赦なきスパルタ

ツワモノぞろいの新選組のなかでも、剣の達人だったのが、沖田総司だ。その腕前は、局長の近藤勇《こんどういさみ》、副長の土方歳三《ひじかたとしぞう》をも凌ぐと言われていた。

総司の性格は明るかったらしい。『新選組始末記』では、次のような記述がある。

「朗らかでよく冗談を言い、周囲の者を笑わせていた」

新選組の屯所での稽古についても、新選組の池田七三郎《いけだしちさぶろう》が「沖田氏は冗談ばかり言ってにぎやかな剣でした」と振り返っていることからも、ピリピリした雰囲気は感じられない。

だが、農民たちへの出稽古では少し違った顔を見せていたようである。

総司が通う道場「試衛館《しえいかん》」の面々は、多摩《たま》地域の農民たちに出稽古をつけたが、指導者として人気があったのは近藤勇や土方歳三、山南敬助《やまなみけいすけ》だった。一方で、最も嫌がられたのが、意外にも沖田総司である。

近藤や土方は、その厳格なイメージとは裏腹に、稽古は丁寧で優しかった。しかし、総司は指導法が荒っぽく、農民たちがうまくできなかったら、短気を起こしたという。

農民が剣術を得意としないのはいわばあたりまえのこと。まったくできないからこそ、自衛するために実用性の高い天然理《てんねんり》心《しん》流を学びたいと稽古を頼んできているのだ。

できないからといって、感情的に指導するのはもってのほかだが、剣の才能に恵まれた総司にとっては、できない人の気持ちがわからなかったのではないだろうか。

『新選組遺聞』で紹介されている、総司の教え方にも、天才肌の一端が垣間見える。

「敵を刀で斬るな、からだで斬れ斬れ」

総司は「三段突き」が得意で、指導では農民相手にも容赦なく突きを浴びせた。農民たちはしゃべれないほど、喉が腫れ上がったという。恐い。

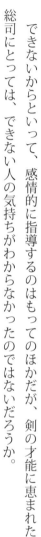

絶好調なのにいきなり出家しようとする困ったさん足利尊氏

鎌倉幕府を打倒した足利尊氏は、情緒不安定なところがあり、周囲を戸惑わせることがたびたびあった。足利尊氏は後醍醐《ごだいご》天皇を比叡山《ひえいざん》に追いやり、京都《きょうと》を支配。光明《こうみょう》天皇を擁立している。室町幕府を開き、順調そのもののように思えたが、本人としては行き詰まりを感じていたらしい。尊氏は清水寺《きよみずでら》にこんなお願いごとをしている。
「この世ははかない夢のようなもの。どうか私に信仰心を授けて、後生をお救いください。私は一刻も早く、この俗世から逃れて仏門に帰依したいのです」
このとき尊氏はまだ32歳。出家するには早すぎるが、天皇に背《そむ》いたことへの後悔もあったようだ。これからが大切という時期に、自分は出家して「政務は弟にすべて任せる」と言い出したのだから、周囲が慌てたことはいうまでもない。

けっきょく、弟の直義《ただよし》を始め多くの人々に反対されて、尊氏は仏門に入るのを断念。その2年後に、尊氏は征夷大将軍に任じられ、京都に室町幕府を設けた。

戦にめっぽう強く勢いに乗るとだれも止められないが、いきなり自信を無くしては出家を口にする……。そんなわかりづらさが、尊氏がイマイチ評価されにくい理由かも。

最弱なのになぜか生き残る小田氏治

戦国時代において最強の戦国大名は誰か？　そんなお題が与えられたら、あちこちで議論が始まりそうだが、「最弱の戦国大名は誰か？」ならば、満場一致で「小田氏治」に決まりそうだ。氏治は重要な合戦でたびたび大敗し、居城の小田城を何度も落城させられた。

しかし、その一方で、氏治は城が奪われるたびに、奪還に動いて、取りもどすことに成功。最弱にもかかわらず、滅びることがなかったため、「常陸《ひたち》の不死鳥」とも呼ばれた。「軍神」上杉謙信《うえすぎけんしん》を相手にしたときさえも、大敗して小田城を奪われながら、のちに上杉軍がいない間に、ちゃっかり奪還に成功している。弱いのか、強いのか、よくわからん。

口下手で人とかかわるのが苦手

1位 大村益次郎《おおむらますじろう》

1825年〜1869年。周防国《すおうのくに》で医者の家に生まれる。医師から兵学者へと転じて、四国宇和島《うわじま》藩で日本初となる洋式の軍艦を設計。優れた戦術で幕府軍を破り、戊辰戦争で参謀として活躍。軍政の近代化に尽力した。

2位 湯川秀樹《ゆかわひでき》

1907年〜1981年。地質学者の3男として東京に生まれる。京都《きょうと》帝国大学理学部物理学科卒業。「素粒子の相互作用について」を発表し、中間子の存在を予言。1949年にノーベル物理学賞を受賞。日本人初の受賞となった。

3位 江戸川乱歩《えどがわらんぽ》

1894年〜1965年。三重《みえ》県生まれ。早稲田大学政治経済学部卒業後、職を転々とするが『二銭銅貨』でデビューして作家に落ち着く。『少年探偵団』シリーズで人気を得た。日本推理作家協会の設立者で初代理事長。

大村益次郎は「コミュ障」で病院を廃業した天才兵法学者

「軍事の天才」と呼ばれた大村益次郎は、幕府による第二次長州《ちょうしゅう》征伐や戊辰戦争において、長州藩兵を率いて新政府軍を勝利に導いた。その後も、彰《しょう》義《ぎ》隊《たい》の討伐や、蝦夷《えぞ》地の平定に成功。軍制改革の中心を担った益次郎の功績は大きかった。

だが、益次郎はもともと兵法学者ではなく、開業医だった。村医者の長男として生まれて、親と同じく立派な医師になるべく、幼少の頃から『十二経』といった医書に親しんだ。故郷の周防国《すおうのくに》（現在の山口《やまぐち》県）から大坂《おおさか》に出て、26歳まで適《てき》塾で蘭学を学び、塾頭まで務めている。その後、帰郷すると晴れて開業し、医師としての活動をスタートさせる。

ところが、いざ開業すると、どうにもうまくいかない。蘭学によって得た人体の構造について、村人の患者に説明するものの、まったく関心を持ってくれない。

いつの時代も、患者が医師に求めるのは、親身になって話を聞いてくれ、身体のつらさに共感して寄り添う姿勢だ。しかし、益次郎はいわゆる「コミュ障」だった。

患者から「お暑うございます」と話しかけられても、益次郎は無愛想にこう言った。

「夏は暑いのがあたりまえです」

最も機嫌がよいときの返事が「そうです」だったというから、患者もさぞ味気なかっただろう。医院には閑古鳥が鳴いて、開業からわずか3年で廃業。患者が来ないときには、興味があった兵学の本を読み耽って、暇をつぶしていたという。

30歳を目前にして、医師になるという目標を失った益次郎だったが、思わぬ方向から人生が動き出す。豊富な蘭学の知識が買われて、宇和島《うわじま》藩に招かれることになったのだ。

宇和島では蘭書の翻訳をしながら、益次郎は大砲を鋳造し直したり、西洋銃を用いた作戦や砲台築造の指導を行ったりするようになる。口下手が意外な飛躍につながった。

「言わん」が口癖だった天才物理学者湯川秀樹

日本人で初めてノーベル賞を受賞した、物理学者の湯川秀樹。幼少期において湯川の好奇心に火をつけたのは、父の本棚だったという。湯川の父は地理の専門家でありながらも多趣味で、何か一つのことが気になると、そのジャンルの本を買い集めるのが常だった。
本棚に広がる広大な宇宙を目の当たりにした湯川少年が、とくに夢中になった本がある。豊臣《とよとみ》秀吉《ひでよし》の出世ストーリーを描いた『太閤記』だ。その理由をこう書いている。
「開拓者的なスケールの大きさにも、魅力があったのだろう」
出世する口達者な秀吉に憧れながらも、湯川自身は口数が少なかった。授業であてられると、答えがわかっていてもうまく答えることができず、友人や家族の前では、面倒なことはすべて「言わん」の一言で済ませた。そのガンコさから、ついたあだ名は「イワンちゃん」。その一方で、積み木やパズルを与えられると、異様な集中力を発揮した。

口下手な少年の関心はやがて「理論物理学」という日本では未知のジャンルへと向けられる。静かに情熱を燃やして、秀吉のごとく、道なき道を開拓していくのだった。

禿げていても平気な年になって、バラ色……江戸川乱歩

名探偵の明智《あけち》小五郎《こごろう》が登場する『少年探偵団』シリーズで知られる、作家の江戸川乱歩。幼少期はイジメに遭い、就職してからも空想癖が激しく、周囲になじめずに幾度となく転職を繰り返した。小説家として名を成してからも、仲間と交流することはなかったようだ。

「そのころ私は人嫌いの最中なので、作家仲間ともまったく付き合いをせず、随って、誰にもこのホテルに泊まっていることを、知らせなかった」

ところが、戦後になると乱歩は精力的に会合に出席して、若い作家たちが圧倒されるほど明るく振る舞うようになったという。

その理由について小説家の山田《やまだ》風太郎《ふうたろう》は、乱歩が若くして頭髪が薄かったことに着目。年齢を重ねて明るくなったのは「乱歩先生が、たとえ禿げていようとべつにおかしくない年齢に達していたからではあるまいか」と推測している。真相やいかに……。

毒舌

1位 紫式部《むらさきしきぶ》

973年〜1014年。漢学者の藤原《ふじわらの》為時《ためとき》を父として生まれる。山城《やましろ》守《のかみ》の藤原宣孝《ふじわらののぶたか》と結婚して一女をもうけるが死別。一条《いちじょう》天皇の中宮彰子《しょうし》に出仕した。『源氏物語』『紫式部日記』を著した、日本文学史を代表する作家。

2位 直江兼続《なおえかねつぐ》

1560年〜1620年。坂戸《さかど》城主・長《なが》尾政景《おまさかげ》の家臣である樋口兼豊《ひぐちかねとよ》の長男として生まれた。上杉謙《うえすぎけん》信《しん》・景勝《かげかつ》に仕え、名家老として上杉家を支えた。関ヶ原の戦い後は、主家の存続に尽力した。著書に『四季農戒書』『景勝軍』など。

3位 福澤諭吉《ふくざわゆきち》

1835年〜1901年。中津《なかつ》藩士の子として大坂《おおさか》に生まれた。幕府の遣外使節団に随行して欧米に3回渡る。明治維新後は政府に仕えずに、慶應義塾での教育と国民啓蒙のための執筆に励んだ。著書に『学問のすゝめ』など。

清少納言をディスる紫式部

歴史人物が書いた手紙や日記は、その人となりを知るのに、この上なく貴重な史料となる。だが、紐解いた結果、「おお……」とのけぞってしまうことが少なくない。それこそが、偉人研究の醍醐味でもあるが、平安時代に活躍した歌人にして、作家の紫式部が書いた『紫式部日記』はなかなか強烈だ。

紫式部といえば、世界最古の長編物語の一つである『源氏物語』を書いたことで知られる。優美な貴族社会が描かれていることから、作者の紫式部も、上品でおしとやかなイメージを持たれやすい。だが、同じく平安時代を代表する才人、清少納言《せいしょうなごん》のことを、こんなふうに日記で口汚く罵っている。

「あそこまで利巧ぶって漢字を書き散らしていますけれど、その学識の程度も、よく見ればまだまだ足りない点だらけ」

何という辛辣さ。二人には、一条《いちじょう》天皇の中宮に仕えたという共通点はあるものの、清少納言が仕えたのは定子《ていし》、紫式部が仕えたのは彰子《しょうし》で、入れ違いで後宮《こうきゅう》に入っている。つまり、面識はなかった。

それにもかかわらず、これだけ紫式部が対抗心を燃やしたのは、清少納言が書いた

『枕草子《まくらのそうし》』が評判を呼んでおり、しかも、そこで紫式部が死別した夫について「服装が派手すぎ（笑）」と悪く書かれたことが、気に食わなかったのではないか、とも言われている。

清少納言は本書の「芸人になれそう」ランキングに入っているが、紫式部にとっては「人を傷つける笑い」に頭に来たのだろう。紫式部による清少納言の悪口は留まることをしらず、こんなことまで書いている。

「中身がなくなってしまった人の成れの果ては、どうして良いものでございましょう」

めちゃくちゃ言うやん……。怒らせたら怖い、紫式部だった。

家康への強烈な嫌味で戦国時代を終わらせた直江兼続

天下分け目の大決戦「関ヶ《せきが》原《はら》の戦い」では、東軍を率いる徳川家康《とくがわいえやす》が、西軍を率いる石《いし》田《だ》三成《みつなり》に勝利。家康が江戸幕府を開いたことで、約２６０年以上も続く泰平の世が訪れる。

そんな時代のターニングポイントとなった関ヶ原の戦いだが、上杉《うえすぎ》を倒すために北上する家康を見て、三成が決起したことがその始まりである。つまり、もともとは家康が、上杉討伐に動いたことがきっかけで、その原因となったのが、上杉景勝《うえすぎかげかつ》の家老、直江兼続が書いた手紙である。

上杉景勝がなかなか上洛してこないことについて、家康が手紙でクレームをつけると、

兼続はその返事で、実に16カ条にもわたり、弁明と反論を展開。俗に「直江状」と呼ばれるものだが、長文のなかにはこんな挑発的な物言いもあり、家康を激怒させた。

「景勝の上洛が遅れているとのことですが、一昨年に国替えがあったばかりの時期に上洛し、去年の9月に帰国したのです。今年の正月に上洛したのでは、いつ国の政務を執ったらいいのでしょうか」

直江は強烈な嫌味が得意で、伊達《だて》政宗《まさむね》と江戸城ですれ違ったときには、挨拶しなかったことを政宗からとがめられると、「何度もお目にかかっていますが、ほぼ戦いで負けて逃げるところしか見ていないので、気が付かなかった」とも。感じの悪さで右に出る者なし。

福澤諭吉に暴論を吐かせれば右に出る者がいない

紫式部や直江兼続をみても、頭の回転が速いがゆえに、毒舌になってしまうらしい。ベストセラー『学問のすゝめ』の著者で、慶應義塾大学を創立した福澤諭吉も口が悪かった。

文筆業での独立を考えた尾崎行雄《おざきゆきお》から助言を求められると、諭吉は「猿に見せるつもりで書け。おれなどはいつも猿に見せるつもりで書いているが、世の中はそれでちょうどいい」と言い放ち、マジメな尾崎を怒らせている。また「親友なんていらない。人間は所詮ウジムシだ！」と言ったことも。「毒舌」を超えてもはや「暴論」。

几帳面

1位 明智光秀《あけちみつひで》

生年不明～1582年。生年については諸説あり。斎藤道三《さいとうどうさん》に仕えたのち浪人となる。将軍の足利《あしかが》義昭《よしあき》をサポート。さらに織田信《おだのぶ》長《なが》に仕えて、坂本《さかもと》城の城主となる。「本能寺《ほんのうじ》の変」を起こし信長を討つも、羽柴秀吉《はしばひでよし》らに敗れた。

2位 本居宣長《もとおりのりなが》

1730年～1801年。松坂《まつざか》藩の商家に生まれるが、書を読むことを好む。母の勧めで医師になると、医業を続けながら、言葉や日本古典を講義。35年もの歳月をかけて、現存する日本最古の歴史書『古事記』の研究に専心した。

3位 明石元二郎《あかしもとじろう》

1864年～1919年。福岡藩士の次男として生まれた。陸軍士官学校、陸軍大学校を卒業後、ドイツへ留学。フランス公使館付陸軍武官、ロシア帝国公使館付陸軍武官に転任。日露戦争で諜報活動を行う。

裏切者だが良いリーダー、明智光秀

明智光秀といえば、「本能寺《ほんのうじ》の変」を起こし、主君の織田《おだ》信長《のぶなが》を討ったことで知られる。とんでもない裏切り者というイメージで、後世では長く語られてきた。

もっとも、最近では「あのヤバい織田信長についていけなくなるのは、むしろまともだったのでは？」と、再評価が進んでいるようだ。２０２０年の大河ドラマ『麒麟《きりん》がくる』では、光秀が主役に選ばれて、不器用なまでにまっすぐに生きる姿が描かれた。

しかし、２０２３年の『どうする家康』では、ひどく姑息な光秀が描かれるなど、イメージが上がったり下がったりと忙しい人物だ。

ただ、光秀が行った政策に目を向ければ、マジメで几帳面な性格だったことは確かだろう。18条におよぶ「家中軍法」を定めて、約束事や禁止事項を家臣たちに細かく示している。というのも、光秀は出自にこだわらず、多種多様な人材を戦力として登用した。統率するために戦場での雑談や抜け駆けを禁止。自分の命令に従わせることを徹底し、その理由もきちんと説明している。

「明智家の軍法が乱れていると、〈武功がない人間だ〉〈国のごく潰しが公務を怠っている〉など嘲笑されて、周囲に迷惑をかけてしまう。格別な働きをすれば、信長様の耳にすぐ届くことだろう」

こうして細やかな統制をとることで、光秀はエキセントリックな上司である信長の期待に応え続けたのである。

出自の異なる家臣たちにきっちりルールを守らせながら、住民を苦しめる問題にも、きちんと向きあった。由良《ゆら》川の治水工事に着手したり、地子銭《じしせん》と呼ばれる税金を免除したりするなど、様々な政策を行い、領内を安定化させている。

リーダーとして申し分ない実力を発揮した光秀。「本能寺の変」は、信長の横暴なふるまいに我慢の限界がきたともいわれている。光秀のマジメさを思うと、さもありなんだ。

江戸のメモ魔、本居宣長

木綿商家の次男に生まれた本居宣長は、16歳で奉公へ出ることになるが、どうも商売には向かなかったらしい。母親に勧められて、医師へと方向転換している。

京での遊学を経て、28歳で地元の松坂《まつざか》で診療所を開業。しかし「医師は男子本懐の仕事ではない」と考えていたため、昼間は医師として活動しながらも、夜は古典の研究を行うという生活を続けることとなる。

几帳面な性格から、宣長は医師としての診療記録をしっかりとっていた。診療日、患者

名、調合した薬やその数などを記載。とくに子どもについては、病状を細かく記しており、丁寧に小児患者を診ていたことがわかる。

几帳面さは私生活でも発揮されて、亡くなる直前までの生活ぶりを日記に克明に記した。その正確な記述は、当時の社会を知ることができる貴重な史料となっている。

研究活動もコツコツと継続して、69歳のときに『古事記伝』を完成。34歳から書き始めたので、実に35年もの歳月を費やした労作だ。

その３年後の１８０１年、宣長は72年の生涯を閉じる。遺言書には、自分の葬式の段取りや、埋葬してほしい墓のイメージ図まで描かれていたという。最後まで細かい……。

明石元二郎は超ズボラでもスパイとしては超一流！

陸軍軍人の明石元二郎は、日露戦争においてロシアに対するスパイ活動を担った。その活躍ぶりは「１人で20万人分の戦果」と絶賛されたが、私生活はダメダメで、容姿や服装には無頓着。庭は草木が伸び放題、部屋は掃除ができずに荒れ果てており、歯磨きを生涯しなかったとも。几帳面からは程遠い性格のようだが、返却の必要のない機密費を、明細書とともに返金したことは、語り草になっている。残額をしっかり報告し、トイレで落とした金額まで詳細に報告。スパイとしての几帳面ぶりは、まさにプロそのものだった。

忘れ物がヤバい

1位 伊藤博文《いとうひろぶみ》

1841年～1909年。長州《ちょうしゅう》藩周防国《すおうのこく》の農家に生まれる。松下村《しょうかそん》塾に入り吉田《よしだ》松陰《しょういん》に学ぶ。倒幕運動に参加し、のちに明治憲法の立案にあたった。1885年に内閣制度を創設。初代総理大臣となった。68歳で安重根《あんじゅうこん》に暗殺される。

2位 秋山好古《あきやまよしふる》

1859年～1930年。伊予松山《いよまつやま》藩士の３男として生まれる。日清戦争後、陸軍乗馬学校長に就任。日本陸軍の騎兵部隊の強化に尽力し、「日本騎兵の父」と呼ばれた。小説『坂の上の雲』（司《し》馬遼太郎《ばりょうたろう》著）の主人公の一人。

3位 ヤマトタケル

72年～114年。第12代景行《けいこう》天皇の皇子。気性が激しいために天皇の命令で、九州の熊襲《くまそ》や東国の蝦夷《えみし》の討伐に遣わされたとも。『風土記』なども含めて様々な伝説が残っている。古代伝説の代表的英雄とも。

伊藤博文、うっかり憲法を置き忘れる

「皇帝に権限があるドイツの憲法を手本にし、天皇を中心とする日本独自の憲法をつくらねばならない」

そう決意した伊藤はまず内閣制度を作り、１８８５年に初代の内閣総理大臣に就任し、憲法作りに奔走する。それから４年後の１８８９年、つまり、明治22年の２月11日、ついに初の憲法となる「大日本帝国憲法」が公布されることになった。

先立って１月に、皇居で憲法発布の式典が行われた。ドイツまで足を運んで苦労した伊藤は、まさに感無量で式典を迎えるはずだったが……。

「け、憲法がない！」

そう叫んだことだろう。なんと前日に渡されていた紫の袱紗《ふくさ》に包まれた憲法の正典を、伊藤は官邸に置き忘れてきてしまったのだ。努力の結晶なのに、何をしているんだ……。

最も忘れてはならないものを忘れてきた伊藤の失態に、側近たちも唖然としたことは言うまでもない。秘書官の金子《かねこ》堅太郎《けんたろう》が慌てて取りに行って、事なきを得たという。

忘れ物といえば、明治４年に岩倉《いわくら》使節団が欧米巡遊に出かけたときも、アメリカのサンフランシスコに到着し、不平等条約の改正に臨もうとしたら、アメリカの国務長官から全

権委任状の不備を指摘されてしまう。

伊藤は大久保利通《おおくぼとしみち》と日本へとんぼ返り。天皇からの委任状を携えて、4カ月後に再びアメリカへと来たときには、改正の交渉は打ち切りが決定していた。とんだ無駄足である。

そんなバタバタの明治政府において、伊藤はうっかりミスをやらかしながらも、日本の近代化に奮闘。布団でゆっくり寝た日はほぼなかったとか。ちょっと働き過ぎたのかも。

上司のお土産を電車に忘れた秋山好古

海軍参謀の秋山真之《あきやまさねゆき》は、日露戦争における日本海海戦を成功に導いたことで知られるが、立小便と放屁を平気でするなど、奇行が多かった。一方で兄の秋山好古はというと、騎兵の育成に努め「日本騎兵の父」と呼ばれたが、弟に負けないくらい奇人だった。
陸軍大学で教えていた頃の話だ。授業で「騎兵の特性は何か」と学生に問いながら、回答を待つことなく、「これだっ！」と叫んで、教室の窓ガラスにパンチを繰り出して、粉々に割ってしまった。一瞬にして敵の戦力を粉砕せよ……と伝えたかったらしい。
そんな好古の豪快さは、ときにうっかりミスにもつながった。
好古がパリに留学しているとき、日本陸軍の最高責任者だった山県有朋《やまがたありとも》が訪ねて来た。山県は日本から持ってきたお土産を好古に託して、リヨンにいるフランス陸軍の高官へ届けるようにと命じた。しかし、好古は出かけたのにすぐに帰ってきて、こう告白した。

「閣下からお預かりした土産の品物を汽車のなかでなくしました」

おいおい……。山県が気分を害して「秋山、それじゃあ、子どもみたいじゃないか」と言うと（その通りだ）、好古はこう返した。

「はい、秋山は子どもみたいなバカであります。だが、フランスでは汽車の中で品物が消えてなくなります」

兄弟そろって天然だが、だからこそ、敵軍が出方を予想できなかったのかもしれない。日露戦争においては陸海それぞれの戦場で、秋山兄弟が日本を救うことになった。

勇者のヤマトタケルがトイレに忘れたもの

ヤマトタケルは『古事記』、『日本書紀』に登場する古代の英雄だ。『尾張国風土記《おわりのくにふどき》』によると、遠征帰りに尾張のミヤズヒメの家に宿泊。夜にトイレに行こうとして、剣を庭の桑の木に立てかけたところ、用を足して、そのまま寝室に戻ったとか。

「あ！」と忘れ物に気づいて剣を取りに来るも、神々しく光り輝くので取れない。仕方がないとヤマトタケルは「私だと思って大切にしてください」と、その剣をミヤズヒメに預けたという伝説が残っている。

恋に奔放

1位 和泉式部《いずみしきぶ》

生没年不詳。越前守《えちぜんのかみ》・大江雅致《おおえのまさむね》の娘として生まれた。橘道貞《たちばなのみちさだ》と結婚し娘をもうけたが、為尊《ためたか》親王や敦道《あつみち》親王とも恋愛し『和泉式部日記』で恋の顛末を綴った。百人一首の歌人であり、中古三十六歌仙の一人。

2位 金子光晴《かねこみつはる》

1895 年～1975 年。愛知《あいち》県生まれ。早稲田大学高等予科文科、東京美術学校日本画科、慶應義塾大学文学部予科と、いずれも中退。渡欧して西洋の詩を研究し、詩集『こがね虫』を刊行。戦時下でも反権力の詩を書き続けた。

3位 平塚《ひらつか》らいてう

1886 年～1971年。東京《とうきょう》生まれ。日本女子大学校家政学部卒業。森田草平《もりたそうへい》と心中事件を起こす。1911 年に女性文芸誌『青鞜《せいとう》』を刊行。創刊の辞「元始、女性は太陽であった」が話題に。戦後は平和運動と女性運動に尽力した。

道長をぎゃふんと言わせた和泉式部

和泉式部は、平安時代の中期に活躍したことはわかっているが、生没年も本名も明らかではない。

「和泉式部」の名は、夫の官職から取られたものだ。夫は和泉国守を務めた橘《たちばなの》道貞《みちさだ》である。結婚後、和泉式部は小式部内侍《こしきぶのないし》という娘を産む。そのときに人からこう聞かれたという。

「父親は誰に決めましたか」

そう、和泉式部は恋多き女だった。小式部が生まれた翌年には、冷泉《れいぜい》天皇の第三皇子にあたる為尊《ためたか》親王との恋愛がスタート。夫の道貞とは離婚し、さらに父からも勘当されて見放されてしまう。為尊親王が病死するという不幸に見舞われると、今度は為尊親王の弟・敦道《あつみち》親王とも恋仲になるという奔放ぶりだ。

敦道親王が死去すると、宮仕えした和泉式部だったが、その後もモテ人生は続いたらしい。平安中期の貴族・藤原《ふじわらの》保昌《やすまさ》から一目ぼれされたときには、こう伝えたという。

「紫《し》宸殿《しんでん》の梅を折ってきてくれたら、結婚しましょう」

紫宸殿とは帝のいるところで、そこの庭から梅の木を折って盗んでこいというのだ。諦めろといわれているに等しいが、恋は盲目だ。藤原保昌は盗みを実行。警備に弓を射られ

ながらもミッションを成功させ、彼女と結婚できたという。

和泉式部といえば、『小倉百人一首』に収録されている次の和歌が有名だ。

「あらざらむ この世のほかの 思ひ出に　いまひとたびの あふこともがな」

現代語訳は「わたしはもうすぐ死んでしまうでしょう。わたしのあの世への思い出になるように、せめてもう一度だけあなたにお会いしたいものです」。こんな和歌も詠んだ。

「こえもせむ　こさずもあらむ　逢坂の　関もりならぬ　人なとがめそ」

背景としては、ある人が和泉式部からもらった扇を持っていると、藤原《ふじわらの》道長《みちなが》がそれを見て、「浮かれ女の扇」と書きつけた。道長は和泉式部の恋愛体質をからかったわけだが、それを知って和泉式部が詠んだのがこの作品だ。現代語訳にすると、次のようになる。

「男と女の逢瀬の関を越える者もいれば、越えない者だっている。恋の道は人それぞれなのに、あんたにとがめられる覚えはありません」

痛快な和歌で、道長をぎゃふんと言わせた和泉式部。これはモテるはずだ。

30歳年下との不倫に情熱を燃やした男、金子光晴

歌人が恋の和歌を詠めば、詩人は情熱的な言葉で口説く。金子光晴はこう口説いた。

「好きだ。好きだから、世の中にウソをついていこう。それを持続する鍵は世間を欺いて

いくことだ」

不穏な雰囲気がするのは、不倫の恋だったからだ。しかも、このとき光晴が53歳で、相手の大川内令子《おおこうちれいこ》は23歳。30歳もの年下の愛人を光晴は「ウサギ」と呼んで、79歳で死去するまで、くっついたり離れたりを繰り返している。

ただ、光晴は妻の三千代《みちよ》と「新しい相手ができたら、遠慮なくお互いに別れる」という条件で結婚しており、三千代も光晴以外の男性とたびたび恋に落ちた。奔放な二人だったが、相手の心が離れれば、嫉妬や悲しみの感情も見せている。夫婦関係もいろいろだ。

心中未遂事件を起こしたトラブルメーカー、平塚らいてう

平塚らいてうは22歳のときに、4歳年上の森田草平《もりたそうへい》と心中未遂事件を起こして、結婚も仕事もままならなくなった。時間を持て余したので、声をかけられるままに、創刊を控えた『青踏』に参加。らいてうが書いた「創刊の辞」が、名フレーズとしてブレイクする。

「元始、女性は実に太陽であった。真正の人であった。今、女性は月である」

「新しい女」と注目された、らいてう。その後、年下の奥村博史《おくむらひろし》という画家と恋に落ちて、婚姻手続を踏まない共同生活が話題となる。年下の男性を指す流行語「若いツバメ」が生まれた。

料理上手

1位 伊達政宗《だてまさむね》

1567年～1636年。伊達輝宗《だててるむね》の長男として出羽国米沢《でわのくによねざわ》城で生まれる。18歳で家督を継ぎ、奥州《おうしゅう》平定を果たす。小田原《おだわら》攻めに参陣し豊臣秀吉《とよとみひでよし》に服属。関ヶ原《せきがはら》の戦いでは徳川方につく。仙台《せんだい》藩初代藩主となり、東北の繁栄を築いた。

2位 細川藤孝《ほそかわふじたか》

1534年～1610年。室町幕府の申次衆《もうしつぎしゅう》・三淵晴員《みつぶちはるかず》の次男として生まれる。足利義昭《あしかがよしあき》に仕えて、のちに織田信長《おだのぶなが》・豊臣秀吉《とよとみひでよし》・徳《とく》川家康《がわいえやす》らに重用される。茶道、歌道など芸術文化の発展にも尽力。剃髪して「幽斎玄旨《ゆうさいげんし》」と号した。

3位 徳川家定《とくがわいえさだ》

1824年～1858年。江戸幕府の12代将軍・徳川家慶《とくがわいえよし》の４男として江戸城に生まれる。ペリー来航直後の1853年に家督を継ぎ、13代将軍に就く。通商を求めるアメリカ総領事ハリスと江戸城で引見。病弱で子がなく将軍継嗣問題が起きた。

「主人こそ料理すべし」もてなし上手な伊達政宗

遅れて来た戦国武将――。仙台《せんだい》藩の伊達政宗は、「独眼竜《どくがんりゅう》」という異名と合わせて、そんなふうに表現されることがある。生まれるのがもう少し早ければ、豊臣秀吉《とよとみひでよし》や徳川家康《とくがわいえやす》らと天下を争っただろう、と悔やまれることになった。

だが、多趣味な政宗が輝ける場所は、何も戦場だけではなかった。グルメだった政宗は、自ら厨房に立って、積極的に料理を作っていた。

政宗が料理にハマったきっかけは、兵糧の開発だ。腹が減っては戦ができぬ。当時、戦陣食として重宝されていた「味噌」に着目。仙台城を築城したのち、政宗は実に約９００坪にもおよぶ「御塩噌蔵《おえんそぐら》」という味噌蔵を増設するように命じている。

しかも、わざわざ醸造の専門家である真壁屋《まかべや》古木《ふるき》市兵衛《いちべえ》を、常州（現・茨城《いばらき》県）からスカウト。味噌御用に抜擢するという力の入れようである。今も名物として知られる「仙台味噌」は、政宗がその醸造に着手したとも言われている。

朝夕の献立を熟考し、自ら調理も行った政宗。戦国の世が終わり、泰平の江戸時代がやってくると、ますます料理に傾倒したようだ。

１６３０年、江戸幕府の３代将軍の徳川家光《いえみつ》を接待したときには、政宗が献立を考え、全国津々浦々から美味や珍味を集めて、豪華なおもてなしを行っている。家光を喜ばせたのは、言うまでもないだろう。

このときに政宗はすでに60歳を超えていたが、味見から配膳まで自ら行った。政宗の言動を書き残した『政宗公御名語集』では、次のような政宗のモットーが記されている。

「ご馳走とは旬の品をさり気なく出し、主人自ら調理して、もてなす事である」

「男子厨房に入らず」どころか、「男子こそ厨房に入れ」と説いた政宗。自身はホヤが大好物だったらしく、家臣たちにこう厳命していたという。

「ホヤを食べるときは、その汁も必ず飲むように」

わざわざ命じることでもない気がするが、この「美味しさをわかってほしい！」という精神は、もはや料理人そのものである。

包丁芸で頂点を極めた細川幽斎

「芸は身を助く」とはよく言ったものだ。戦国大名の細川幽斎《ほそかわゆうさい》（藤孝）は、室町幕府に仕える身から、織田信長《おだのぶなが》、豊臣秀吉《とよとみひでよし》、徳川家康《とくがわいえやす》と、主君を次々と変えた。

戦国の世をしたたかに生き抜いたが、ピンチもあった。関ケ原の戦いでは東軍についた幽斎だったが、幽斎が拠点とする田辺《たなべ》城を西軍に囲まれてしまう。このときに後陽成《ごようぜい》天皇

が勅使を派遣。東西両軍に講和を命じたため、幽斎は事なきを得ている。和歌に優れた幽斎に死なれては『古今和歌集』の解釈が引き継がれなくなる……天皇がそう心配して動いたのだという。

一流の文化人だった幽斎は、料理の腕前もプロ級。『言経《ときつね》卿記《きょうき》』には文禄3（1594）年5月4日に「幽斎、鯉庖丁披露」とあり、家康の前でコイを見事にさばいている。

慶長5（1600）年5月4日、智仁《としひと》親王・烏丸光広《からすまるみつひろ》・今出川《いまでがわ》晴季《はるすえ》らを招いたときにも、幽斎は太鼓を打ってから、コイの包丁さばきを披露（『耳底記《じていき》』）。『細川家記』では、スズキやサギを包丁でさばく姿も。「包丁芸」において、幽斎は戦国武将の頂点に立っていた。

スイーツ将軍・徳川家定

いつの時代もトップリーダーは不満を持たれるものだが、安政2（1855）年、後の大老・井伊直弼《いいなおすけ》のもとに、第13代将軍の徳川家定へのこんな苦情が寄せられている。

「将軍は30歳を超えているというのに、江戸城内の畑でとれた薩摩芋やカボチャを煮て、饅頭やカステラを自分で作っている」

別にいいじゃないかと思うが、時は幕末。アメリカから開国を迫られるなか、頼れる将軍が求められていたようだ。家定の「お手製スイーツ外交」も、悪くない気がするけど。

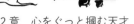

コラム

戦国武将が社長だったら？　ブラック企業ランキング

ランキングでは戦国武将たちも多く登場するが、彼らは一国一城の主という点では、現代でいうところの「会社の社長」とよく似ている。ここで「ブラック企業ランキング」のトップ2を発表したい。

ブラック企業ランキングの第2位には「豊臣家」を挙げたい。創業者の豊臣秀吉は、人懐っこくて庶民的。いかにも親しみやすいが、本書で「疑り深いネクラ」でランクインしているだけあって、警戒心が強かった。自身が農民から成りあがっているため、「刀狩り」で農民から武器を取り上げた。秀吉の気さくな振る舞いに感動して入社してしまったら、制限だらけの窮屈な社風で驚いてしまうかも。

そしてブラック企業ランキングの第1位が「上杉家」だ。上杉謙信が領土欲を持たない人格者だけに意外かもしれないが、社長がいい人すぎるのも考えもの。室町幕府の再興のためにと、東北から険しい雪山を越えて関東に兵を出す「越山《えつざん》」という大仕事を何度も行っているが、特に見返りのない過酷なプロジェクトに家臣たちは疲弊。過労死する前に逃げるべし。

第3章

元祖オラオラ系

騙されやすい

1位 高橋是清《たかはしこれきよ》

1854年～1936年。幕府の御用絵師のもと江戸に生まれる。アメリカ留学後に文部省に入省。その後、貴族院議員を経て大蔵大臣に。財政手腕を買われて内閣総理大臣に就任する。あだ名は「ダルマ」。

2位 畠山重忠《はたけやましげただ》

1164年～1205年。畠山重能《はたけやましげよし》の子として武蔵国《むさしのくに》に生まれた。源平の合戦の最中に源氏に味方する。その後、平氏討伐や奥州藤《おうしゅうふじ》原《わら》氏討伐軍の先陣を務めるなど、数々の武功を挙げて、源《みなもとの》頼朝《よりとも》から厚く信頼された。

3位 太田道灌《おおたどうかん》

1432年～1486年。相模《さがみ》守護代を務める太田資清《おおたすけきよ》のもとに生まれる。上杉定正《うえすぎさだまさ》の執事となり、江戸城を築城。歌人としても名高く、漢詩文の素養もあった。上杉顕定《うえすぎあきさだ》の中傷を受け、主君の定正に暗殺される。

騙されて奴隷になった「ダルマ宰相」高橋是清

せっかく海外留学をしたならば、現地でしかできない体験をしたいもの。だが、高橋是清が経験したようなアメリカ留学は、誰もマネしたくはないだろう。

のちに第20代内閣総理大臣を務める是清は、若かりし頃に、留学先で酷い目に遭っている。横浜《よこはま》の私塾で英語を学んでから、13歳のときに藩からの要請によって、アメリカへの留学が決定。サンフランシスコにて、住み込みで学校に通うことになった。

しかし、ホームステイ先では炊事から掃除までやらされて、老夫婦から召使のようにこき使われた。学校にさえ行かせてもらえなかったというから、留学とは呼べないだろう。

そんなある日、是清は役場に連れていかれて、老夫婦から「この書類にサインしてくれ」と言われる。裕福な家へと移れることになり、そこでは自由に勉強できるのだという。

是清は喜んで応じたが、実はサインしたのは「身売り契約書」。まんまと騙されて、奴隷として売り飛ばされてしまう。ブドウ園や牧場でさらに過酷な労働を課せられた……。

あまりに悲惨すぎる留学生活だが、友人にも助けられながら、帰国の目途が立って、なんとか劣悪な環境から脱することに成功。奴隷の契約書も破棄できたという。

実は、是清が脱出する前に、次に奴隷として売られる家がすでに決まっていた。ギリギ

リのタイミングで逃げ出せたことになる。だが、次の家では是清のために、つまり、奴隷のために布団まで用意していた。それを知った是清は、友人にこう言っている。

「せっかく親切に布団まで買ってくれていたのに気の毒だなあ」

人が良すぎるよ！　そんな温和な性格とふくよかな見た目から、是清が一国のリーダーになると、ついたあだ名は「ダルマ宰相」。七転び八起きの精神で国難に立ち向かった。

「鎌倉に異変あり」に騙され殺された畠山重忠

鎌倉幕府では、こんなに内部抗争が激しかったのか……。斬られた人の首を入れた桶がまるでレギュラーのごとく出てきて視聴者を驚かせたのが、2022年に放送されたNHK大河ドラマ『鎌倉殿の13人』だ。有力御家人の畠山重忠もやはり悲惨な最期だった。

重忠は源《みなもとの》　頼朝《よりとも》に仕えて、鎌倉幕府の立ち上げに貢献。頼朝の死後は、北条《ほうじょう》　時政《ときまさ》に味方して比企《ひき》氏一族を滅ぼした。だが、息子の畠山重保《はたけやましげやす》が、北条時政の後妻・牧《まき》の方の娘婿である平賀朝雅《ひらがともまさ》と口喧嘩になったことで、運命は一変。憤慨した牧の方が時政に「重忠は謀反を企んでいます」と吹き込み、時政がそれを信じて討伐に動くことになった。

まさかそんな企てがあるとは知らず、地元に戻っていた重忠はこんな命を受ける。

「鎌倉に異変あり、至急参上されたし」

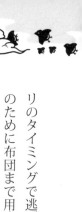

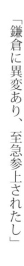

知らせを受けて重忠は130騎ほどを率いて、菅谷《すがや》館《やかた》から鎌倉へと向かう。だが、これが北条のワナだった。その途中の武蔵国《むさしのくに》二俣《ふたまた》川において、北条時政の息子、義時《よしとき》が数万騎を率いて向かっていることを知らされる。息子の重保はすでに討ち死にしたという。

死を覚悟した重忠はわずかな手勢で、軍勢を迎え撃つことを決意。奮闘しながらも最期は討ち死にして、42年の生涯を閉じている。

驚くべきことに、北条時政は娘を重忠の妻として嫁がせている。後妻の言いがかりを鵜呑みにして、婿を討つとは常識では考えられない。それほど時政は、後妻の牧の方に夢中だったのだろう。牧の方からすれば、ちょろい時政もまた「騙されやすい男」だった。

太田道灌は風呂に入るよう勧められて殺された

室町幕府の後期に活躍した太田道灌は、江戸城を初めて築くなど城作りの名人で、かつ軍略にも優れて、さらに和歌も秀逸だった。しかも主君に忠実なのだから、「部下にしたい」ランキングに入りそう。だが、優秀すぎる部下は、いつの世も邪魔になるらしい。

ある日、道灌は主君の上杉定正《うえすぎさだまさ》に招かれて「風呂に入ってゆっくりされよ」と勧められた。主君のねぎらいに感謝したことだろう。ところが、これが定正の策略だった。風呂から出た瞬間に道灌は、襲撃を受けて命を落とす。生き残るには、適度にポンコツであれ。

計算高い策士

1位 前田利常《まえだとしつね》

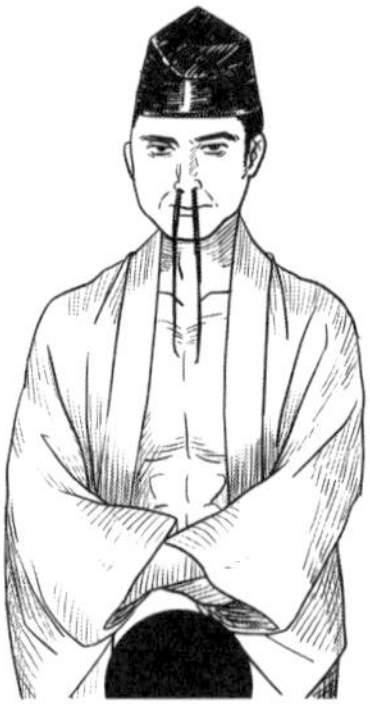

1594年〜1658年。加賀《かが》藩の祖・前田利家《まえだとしいえ》の4男として生まれる。兄である前田利長《まえだとしなが》の養子となり、利長の隠居後に家督を継ぐ。徳川秀忠《とくがわひでただ》の次女・珠姫《たまひめ》と結婚。前田家3代目当主として、加賀百万石の地盤を固めた。

2位 三浦義村《みうらよしむら》

生年不明〜1239年。三浦義澄《みうらよしずみ》の嫡男として生まれた。母は伊東《いとう》祐親《すけちか》の娘。父とともに源頼朝《みなもとのよりとも》に従い、平氏追討において武功をあげた。有力御家人の一人として、鎌倉幕府の立ち上げに尽力。2代執権・北条義時《ほうじょうよしとき》を支えた。

3位 源義経《みなもとのよしつね》

1159年〜1189年。源義朝《みなもとのよしとも》の9男として生まれた。幼名は「牛《うし》若丸《わかまる》」。母は側室の常盤御前《ときわごぜん》で、3男の頼朝《よりとも》は腹違いの兄にあたる。兄の範頼《のりより》とともに木曾義仲《きそよしなか》を討ち、「壇ノ浦《だんのうら》の戦い」では平家を滅亡に追い込んだ。

前田利常の超ロングな鼻毛

「前田利常が謀反を起こそうとしている」

１６３１年、２代将軍の徳川秀忠《とくがわひでただ》が病床につくと、加賀《かが》藩２代藩主の前田利常は、そんな疑いをかけられる。当時、前田家は１２０万石と徳川宗家を除くと最大の領土を誇っていた。もともとは豊臣《とよとみ》家と近かったこともあり、幕府から何かと警戒されていたのである。

このときは、利常が江戸に直接出向いて弁明。事なきを得たものの、豊臣恩顧の大名達は、次々に改易されていた。加賀藩にもいつ危機が訪れるか、わかったものではない。

そこで利常は「鼻毛を伸ばす」ことを決意する。鼻毛を伸ばした顔をみれば、徳川家も「こんなマヌケに謀反が起こせるはずがない」と安心するだろうというわけだ。

ただ、この作戦の大きなデメリットは、威厳がまるでなくなること（あたりまえだ）。見かねて、側近の者が鼻毛切りを渡したが、利常は鼻毛を伸ばした顔でこう笑ったという。

「この鼻毛があればこそ、加賀、能登《のと》、越中《えっちゅう》の３カ国は安泰なのだ。お前たちもそのおかげで、泰平を楽しむことができるではないか」

そのほかにも、利常はわざと頭巾をかぶったまま登城してうっかり者を演じたかと思えば、江戸城内で禁止されている小便をしてみせてヤバい奴を演じるなど、「こいつは、もうダメだ……」と思わせるために、様々な奇行に出た。江戸城に遅刻して現れて「腹痛でして……ここも痛くて……」とみながいる前で、局部を露にしたこともあるという。

やりすぎだが、確かに相手にはしたくない。加賀藩は取り潰しから見事に逃れられた。

裏切りまくって生き残った三浦義村

独裁的な政治を行う北条《ほうじょう》義時《よしとき》を討伐するべし——。

後鳥羽《ごとば》上皇が各地の御家人にそう命じたのは、1221年のこと。当時、北条義時は鎌倉幕府の最高権力者だった。この「承久の乱」で、朝廷と武家政権が日本史上、初めて武力で争うことになった。

ところが、たった1カ月後には、上皇は全面降伏の院宣を出している。なんとも呆気ないが、キーマンとなったのが、義時の従兄弟にあたる三浦義村だ。

義村は「梶原景時《かじわらかげとき》の変」「畠山重忠《はたけやましげただ》の乱」「牧《まき》氏の変」、そして「和田《わだ》合戦」と、これまで鎌倉幕府内の内ゲバにおいて、何度も北条義時に有利になるように動いてきた。

しかし、油断ならないのが、いつも陰謀に協力しようとする動きを見せてから、土壇場で裏切り、結果的に義時側に味方していること。いつか本当に裏切りそうな男だった。

承久の乱においても、上皇はそんな義村を味方にするべく、まずは弟の三浦胤義《みうらたねよし》を口説

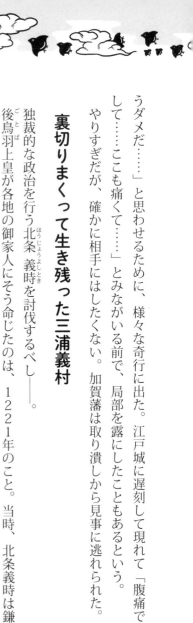

き落とす。すでに在京の多くの御家人は上皇側についており、幕府側はピンチだった。

しかし、三浦義村は弟の胤義から使者が訪れても、返事すらせずに追い返した。そして、義時に書状を出して「弟から裏切るように促された」と伝えている。

弟の誘いを一蹴した義村が、いち早く幕府への忠誠を表明したことで、ほかの有力御家人たちもそれにならった。北条政子《ほうじょうまさこ》の演説もあり（31ページ参照）、御家人は結束する。

蓋をあけてみれば、圧倒的な兵力で勝ったのは幕府軍のほうで、京に攻め入られた上皇側は早々とギブアップ。戦に敗れて三浦胤義は自害。その首は兄・義村の手によって、北条義時へと渡されたという。戦後処理においても、三浦義村は存在感を発揮。上皇は出家して隠岐《おき》へと流罪となっている。

たとえ、身内に犠牲者を出しても自分だけは生き残るところは、さすが義村である。

源義経、その戦術はもはや芸術……

1185年の「壇《だん》ノ浦《うら》の戦い」では、権勢を誇っていた平家を源氏が打ち破った。功労者となったのは源頼朝《みなもとのよりとも》の弟、源義経だ。義経は奇襲を得意とし、戦い方は変幻自在。有名な「鵯越《ひよどりごえ》の逆落とし」では、崖のような急坂を馬で駆け下りていき、背後からの奇襲に成功したと言われている。世が違えば、独創的なアーティストとして活躍したかも……。

しぶとそう

1位 後醍醐《ごだいご》天皇

1288年～1339年。後宇多《ごうだ》天皇の第2皇子として生まれる。31歳のときに、第96代天皇となる。鎌倉時代を終焉させると、天皇親政をめざして「建武《けんむ》の新政」を始めるが、足利尊氏《あしかがたかうじ》と対立して敗北。吉野《よしの》に南朝を築いた。

2位 陸奥宗光《むつむねみつ》

1844年～1897年。紀州《きしゅう》藩士で、国学者の伊達宗広《だてむねひろ》の第6子として生まれた。紀州藩を脱藩して、坂本龍馬《さかもとりょうま》のもと海援隊《かいえんたい》で頭角を現す。明治維新後は外交官、政治家として不平等条約の改正に尽力。日本外交の基礎を作る。

3位 岩倉具視《いわくらともみ》

1825年～1883年。堀河康親《ほりかわやすちか》の次男として京都《きょうと》に生まれる。下級公家出身でありながら、皇女和宮《かずのみや》の降嫁による公武合体運動を推進。倒幕派に転じ、明治新政府では参与、大納言と重職を歴任。右大臣までのぼりつめた。

後醍醐天皇イカにまみれて脱出

「不屈のファイター」という表現がぴったりくるのが、後醍醐天皇である。

1318年、後醍醐天皇は31歳で即位するやいなや、父の後宇多《ごうだ》法皇の院政を廃止。天皇中心の世を取り戻すべく、鎌倉幕府との対立姿勢を強めていく。

実に二度にわたって、幕府を転覆させるべくクーデターを計画したが、いずれも事前に露見。後醍醐天皇は鎌倉幕府によって、隠岐《おき》へと流されてしまう。だが、彼の辞書には「あきらめる」という文字はない。なんと隠岐の島から脱出しようと考えたのだ。

しかし、漁船に乗って島を出たものの、すぐに追っ手に見つかってしまう。船がどんどん近づいてきて、船内はパニック状態になるなか、後醍醐天皇だけは落ち着いて、船員たちに行動を指示。自身はどうしたかといえば、いきなり積み荷のイカの中へダイブ！

追っ手もまさか、悪臭を放つイカのなかに、天皇が身を潜めているとは思わずに、目をくらませることに成功したとか。軍記物語『梅松論《ばいしょうろん》』に記された逸話で、事実かどうかはわからないが、後醍醐天皇ならばやりかねない。見事に島の脱出に成功している。

1333年、幕府を裏切った足利尊氏《あしかがたかうじ》や新田義貞《にったよしさだ》らによって、鎌倉幕府は滅亡。後醍醐天皇は帰京し、ついに念願の天皇による親政「建武の新政」を開始することとなった。

けっきょくは足利尊氏に裏切られて、政権は3年で終了するも、後醍醐天皇は「三種の神器」をかっさらったまま、吉野《よしの》で南朝を発足させる。しぶとすぎる後醍醐天皇の抵抗によって、実に約60年にわたる南北朝の内乱が続くことになるのだった……。

獄中で本を読みまくって飛躍した陸奥宗光

逆境から立ち上がったということでは、陸奥宗光も負けてはいない。

陸奥は25歳の若さで外国事務の職に就くと、対外交渉で実力を発揮。兵庫《ひょうご》県知事や地租改正局長などの重責も担うことになる。順調に出世した陸奥だったが、腹立たしいことに、重要事項で決定権を持つのは、薩摩《さつま》藩か長州《ちょうしゅう》藩の出身者ばかり。「もう我慢ならん」とある日、政府の職を辞してしまう。その後、西郷隆盛《さいごうたかもり》が西南戦争を起こすと、陸奥は関与を疑われて投獄。山形の監獄で実に4年も過ごすことになった。

すると、陸奥は監獄に多くの海外の書物を持ち込んで、ひたすら翻訳にあたった。ヨーロッパの思想を原著から理解しながら、歴史書、儒学、仏教の書物も読み漁った。40歳で出獄すると、2年にわたってヨーロッパに留学。イギリスでは国際法について学んだ。

帰国後、陸奥は外務大臣に就任し、不平等条約の改正に尽力する。領事裁判権は撤廃に成功し、関税自主権も部分的に回復されることに。「逆境力」で国の難事をも解決させた。

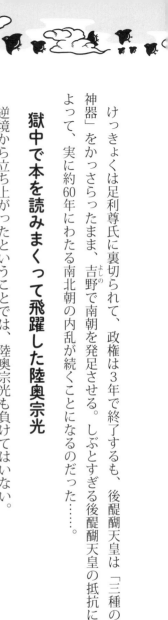

「棚」として新政府に重宝された岩倉具視

次々と立ちはだかる国難を打破して時代を変えるには、一度くらいドロップアウトしてどん底に陥ることは、避けられないのかもしれない。

岩倉具視は若い頃から、公家らしからぬ行動力を発揮。弱体化する幕府との調節役となり、公武合体運動を主導する。将軍の徳川家茂《とくがわいえもち》のもとに、孝明《こうめい》天皇の妹・和宮《かずのみや》を嫁がせることで、朝廷と幕府に手を組ませたのである。

ところが、この動きが尊王攘夷派の怒りを買う。岩倉は命をも奪われかねない事態となり、蟄居《ちっきょ》を命じられてしまう。官職をすべて失い、一切の地位もなくなった岩倉は、辺鄙《へんぴ》な村で、5年も暮らすことになる。

「うつうつとして心神穏やかならず」。日記にそんな弱音を綴ったこともあったが、蟄居から3年も経てば、政治活動を再開。村にこもりながらも、協力者を通じて情報収集に励んだ。将軍の徳川慶喜《とくがわよしのぶ》を見限ると、討幕派と手を組んで、新政府の樹立に向けて動き出す。

のちに初代内閣総理大臣となる伊藤博文《いとうひろぶみ》から「棚のような人」と評された岩倉。そのころは「とりあえず岩倉に任せておけば、何とかしてくれる」。

頑丈な棚は少々のことでは壊れることもなく、新時代を作っていった。

エネルギッシュ

1位 北条早雲《ほうじょうそううん》

1456年～1519年。室町幕府の将軍・足利義政《あしかがよしまさ》に仕えた伊勢盛《いせもり》定《さだ》の次男として生まれる。駿河《するが》の今川《いまがわ》氏の食客となり、勢力を拡大。韮山《にらやま》城を築いて独立し、相模《さがみ》に進出。小田原《おだわら》を本拠に北条氏の関東征覇の基礎を確立した。

2位 慶誾尼《けいぎんに》

1509年～1600年。龍造寺《りゅうぞうじ》16代当主・胤和《たねかず》の長女として生まれた。分家の周家《ちかいえ》に嫁いで、「肥前《ひぜん》の熊」龍造寺隆信《りゅうぞうじたかのぶ》の母となる。龍造寺の家臣・鍋島清房《なべしまきよふさ》の継室として嫁ぎ、清房の嫡男・信生《のぶお》（直茂《なおしげ》）の継母となった。

3位 高浜虚子《たかはまきょし》

1874年～1959年。愛媛《えひめ》県で旧松山《まつやま》藩士・池内《いけうち》家の5人兄弟の末子として生まれる。正岡子規《まさおかしき》に師事し、俳誌『ホトトギス』を継承して主宰。多くの門下を育てながら、「客観写生」による俳句を数多く詠んだ。

最初の戦国大名・パワフルおじいちゃん北条早雲

「最初の戦国大名」とされるのが北条家の創業者、北条早雲である。早雲は27歳で9代将軍の足利義尚《あしかがよしひさ》のもと、父と同じく将軍の取り次ぎ役を務めた。いわゆるエリートだ。

若くして応仁《おうにん》の乱に巻き込まれた早雲は、当初、足利義視《あしかがよしみ》に味方していたが、形勢不利になると、自分の所領を従兄弟に売り払い、姉が嫁いでいた今川《いまがわ》氏を頼って駿河《するが》へと向かう。甥にあたる龍王丸《たつおうまる》に今川家の家督を継承させるため、一念発起したのである。

早雲は一派の兵を率いて挙兵。１４７６年から今川氏の当主の座についていた小《お》鹿範満《しかのりみつ》を討ち取ることに成功した。龍王丸が元服して今川氏親《うじちか》と名乗ると、早雲は氏親の後見人として影響力を発揮。北条家の未来を拓いたばかりか、戦国時代の扉をも開いている。

早雲は、伊豆を平定したことをきっかけに、今川家中から自立。戦国大名へと転化していく。エネルギッシュな早雲は、リーダーとしても積極的に難題に取り組んだ。減税政策を行い、「風病」という流行病に対しても、駿府や京都からすぐに薬を取り寄せている。迅速な対応は、他国の人間が「われらが国も早雲の国だったらなあ」と羨むほどだった。

63歳で病死するまで領土拡大に挑戦した早雲。5代にわたり続く北条家の基盤を作り上げた。早雲が国獲りに立ち上がったのは50歳を過ぎてからのことだ。「人生１００年」ともいわれる現代人ならば、何でもできそうだと、勇気づけられる。

慶誾尼、48歳で息子のために押しかけ女房となる

わが子のためならば、どんな苦労もいとわないのが、母親というものだ。

時は戦国時代、九州では、大友宗麟《おおともそうりん》が率いる大友家と、島津義弘《しまづよしひろ》が率いる島津家に対抗して、龍造寺隆信《りゅうぞうじたかのぶ》が率いる龍造寺家が、第3の勢力として台頭していく。そこには隆信の母・慶誾尼による強烈なバックアップがあった。隆信が20歳で龍造寺本家も継ぐと、母の慶誾尼は将来のことを考えて、こんな思いを持つようになる。

「息子をそばでサポートしてくれる優秀な側近さえいてくれれば……」

慶誾尼が狙いを定めたのが、鍋島直茂《なべしまなおしげ》だ。直茂は、龍造寺家に仕える重臣・鍋島清房《なべしまきよふさ》の息子で、その聡明さと勇敢さは周囲から一目置かれていた。

優秀な直茂と密接な関係を結ぶため、慶誾尼はなんと直茂の父・清房にアプローチし始める。それも、清房が妻に先立たれて独り身だったところに「奥さんが亡くなり、寂しいようですから、私が再婚しましょう。良い日を選んでください」と迫ったのだ。

このときに慶誾尼は48歳。清房が圧倒されながら「思いもよらないことです」と返すと、「イエス」と解釈。吉日に自分で輿を仕立てて、清房の館に押しかけて再婚してしまった

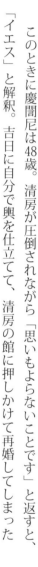

というから、むちゃくちゃである。周囲から非難されても、どこ吹く風でこう語った。

「清房に嫁し、隆信と直茂を兄弟の縁でつなぎ、龍造寺家を盛況させるための行動です」

合戦前の作戦会議に加わるなど、パワフル母ちゃんだった慶誾尼。前代未聞の「押しかけ再婚」は徳川《とくがわ》家康《いえやす》の耳にも届き、家康は家の繁栄を想うその気持ちを称賛したという。

文豪・夏目漱石を生んだ高浜虚子のひとこと

俳人の高浜虚子は、もともと小説家志望だった。エッセイ『子規居士と余』では、文学へのほとばしる情熱から、学校を退学し、上京したときの気持ちが綴られている。

「直ちに文学者の生活に移るべく学校生活を嫌悪するの情は漸くまた抑えることが出来なくなって来た。かくしてその学年の終らぬうちに余は遂に退学を決行して東京に上った」

上京後は正岡《まさおか》子規《しき》の門下生として活躍。子規から俳句雑誌『ホトトギス』を継承し、多くの門下生を育てている。

そのありあまるエネルギーは、ノイローゼに苦しむ友人にも向けられた。

「気晴らしに小説でも書いたらどうだい？」

虚子のそんな言葉を受けて、友人が書き上げた作品が『吾輩は猫である』。虚子の誘いがなければ、文豪の夏目《なつめ》漱石《そうせき》は誕生しなかったかもしれない。

新しいもの好き

1位 徳川慶喜《とくがわよしのぶ》

1837年～1913年。水戸《みと》藩主・徳《とく》川斉昭《がわなりあき》の7男として生まれる。将軍後見職として、幕政改革を推進したのち、第15代将軍に就く。大政奉還を行い、徳川家の復権を図るも、倒幕派に敗れる。静岡で隠居生活を送った。

2位 島津斉彬《しまづなりあきら》

1809年～1858年。薩摩《さつま》藩第10代藩主・島津斉興《しまづなりおき》の長男として生まれ、12代藩主を務める。殖産興業を推進して、集成館《しゅうせいかん》を設置。西郷隆盛《さいごうたかもり》を見出した。藩政改革派と連携して、幕府政治にも関与するも、49歳で急死。

3位 瀧廉太郎《たきれんたろう》

1879年～1903年。内務官僚の父のもと東京《とうきょう》で生まれた。東京音楽学校を卒業後、ドイツに留学し、帰国後に数々の名曲を作る。代表作に歌曲集『四季』、歌曲『荒城の月』『鳩ぽっぽ』『箱根八里』など。

カメラにドはまりして趣味を楽しんだ徳川慶喜

第15代の徳川慶喜は、後世で「ラストエンペラー」とカッコよく呼ばれたりもするが、同時代の庶民からは「豚一《とんいち》さま」と呼ばれていた。慶喜が豚肉を好んで食べたからである。当時、肉食はタブー視されていただけに「将軍が肉食とは……」という皮肉も込めて、そう呼ばれたが、慶喜はどこ吹く風。横浜《よこはま》港が開港すると、肉を積極的に取り寄せた。

慶喜は珍しいものや新しいものが好きで、屋敷の近くまでパン売りが玄米パンを売りに来ると、珍しがってお手伝いさんに買いに行かせている。洋食にも抵抗はなく、食欲がないときは、パンとミルクだけで済ませることもあった。

そんな慶喜の「新しいもの好き」が発動されたのは、食べ物だけではない。当時まだ珍しかった自動車や自転車にも夢中になった。とくにハマったのがカメラである。

写真師の徳田《とくだ》孝吉《こうきち》を自宅に招いては写真撮影のノウハウを学び、頻繁に写真撮影を行った。久能《くのう》山や安倍《あべ》川など静岡《しずおか》県の自然風景や、庶民の暮らしなどを写真におさめている。

東京《とうきょう》に移転後も写真熱が冷めることはなく、慶喜は街並みや邸宅の様子を撮影。靖国神社の境内にある、大村益次郎《おおむらますじろう》の像を撮った写真も残っている。益次郎といえば、倒幕を果たした軍師だが、慶喜のことだからとくにわだかまりもなく、被写体にしたのだろう。

慶喜といえば、大政奉還のイメージが強いが、その時点では、まだ人生の折り返し地点ですらなかった。77歳と歴代将軍の誰よりも長生きした慶喜。趣味にどっぷりつかるという、充実のセカンドライフを送った。

島津斉彬のアンテナはビンビン

そんな徳川慶喜の将来性に、早くから目をつけていたのが、薩摩《さつま》藩の藩主、島津斉彬だ。藩主に就任するや、聡明な慶喜を将軍に据えようと、幕府に働きかけている。

斉彬が薩摩藩から飛び出して、将軍の後継問題にまで心を砕いたのは、それだけ危機感を持っていたからだ。このままでは植民地化政策を進める西欧列強の餌食になる――と。

斉彬は、日本を西欧列強のような国に生まれ変わらせるべく、富国強兵に尽力。反射炉やガラス工場などを磯に建てて、「集成館《しゅうせいかん》」という工場群を築いた。近代的な大砲の生産や造船に力を注いで、軍事力を強化させている。

斉彬がそれほど西洋文明に傾倒したのは、曾祖父の島津重豪《しげひで》の影響だったようだ。学問好きだった重豪は、造士館・演武館・医学院を設立。武士階級だけではなく、百姓や町人などにも教育の機会を与えている。そんな重豪が可愛がったのが、ひ孫の斉彬だった。

ひいおじいちゃん譲りで「新しいもの好き」だった斉彬。その感度の高いアンテナに引っかかったのは、西洋文明だけではない。どんぐり眼に太い眉、インパクトがでかい巨漢な若者にも魅せられて、自身の側近として抜擢している。その男の名は、西郷隆盛《さいごうたかもり》。斉彬が夢見た近代国家の礎を、西郷は盟友の大久保《おおくぼ》利通《としみち》とともに作っていくことになる。

日本語と西洋音楽を初めて融合させた瀧廉太郎

音楽家の瀧廉太郎は、幼少期から手作りの竹笛を持ち歩いたり、姉のバイオリンをこっそりと持ち出したりして、音楽に親しんだ。父の友人から尺八を学んだこともある。小学校の式典でオルガンを演奏したことで、音楽への思いを強めたようだ。14歳で親元を離れて上京し、東京音楽学校に入学を果たす。

ちょうど学校に入った頃、観に行った音楽会で衝撃を受ける。ピアノを弾いていたのは、ラファエル・フォン・ケーブルだ。廉太郎はこんな構想を描くことになる。

「西洋音楽を取り入れた曲を作りたい！」

廉太郎は、七五調の歌詞に西洋音楽を融合させて、名曲『荒城の月』を世に出している。1901（明治34）年、夢だったドイツへ音楽留学を実現させるものの、1年数カ月後に結核を患い、日本へ帰国。翌年に23歳の若さで亡くなる。短かくも、数々の名曲を生み出す濃密な生涯を送った廉太郎。新しい分野への関心から、自分の道を開拓した。

人気者

1位 犬養毅《いぬかいつよし》

1855年～1932年。岡山《おかやま》藩士の父のもとに生まれる。郵便報知新聞の記者として西南戦争に従軍。第1回総選挙で衆議院議員に当選後、第18回まで連続当選を果たす。1931年には首相となるが、翌年の5・15事件で暗殺された。

2位 新渡戸稲造《にとべいなぞう》

1862年～1933年。岩手《いわて》県盛岡《もりおか》藩士の３男として生まれる。札《さっ》幌《ぽろ》農学校卒業後、アメリカやドイツに留学。京都帝大教授、一高校長に就任。東京女子大初代学長として女子高等教育にも尽力。『武士道』の作者。

3位 川上貞奴《かわかみさだやっこ》

1871年～1946年。東京《とうきょう》生まれ。12歳で芸者になると、伊藤《いとう》博文《ひろぶみ》や西園寺《さいおんじ》公望《きんもち》などの座敷で好評を博した。興行師の川上《かわかみ》音《おと》二郎《じろう》と結婚後、夫とともに欧米を巡業し、女優として舞台に立ち「日本初の女優」とも。

立候補してないのに当選した犬養毅

投票率の低下が問題視されて久しいが、「議員になってください!」と有権者からお願いされるような魅力的な人物が、かつてはいた。総理大臣も務めた犬養毅である。

犬養といえば、暗殺されたときの最期の言葉として「話せばわかる」が有名だが、実際は違う。撃たれたあと、医師を待つお手伝いさんにこう言ったのが、最期の言葉となる。

「煙草を一本つけてくれ、それから今射った男を連れてこい。よく話を聞かせるから」

そんな気骨あふれる犬養が、新聞記者から政治家に転身したのは、1890年のことだ。大隈重信《おおくましげのぶ》が立憲改進党を立ち上げると、尾崎行雄《おざきゆきお》とともに参加。初当選を果たしてから、犬養は以後42年間、18回も連続で当選している。すさまじい人気だ。

1912年に第3次桂《かつら》太郎《たろう》内閣が発足すると「第一次護憲運動」が盛り上がり、桂内閣打倒の演説が各地で行われる。聴衆から絶大な人気を誇ったのが、尾崎と犬養だった。

両者が壇上に現れると「脱帽、脱帽!」という声があちこちから上がり、万雷《ばんらい》の拍手で迎えられたという。いつしか二人は「憲政の神様」と呼ばれるようになる。鋭い舌鋒で知られる犬養の演説は、腐敗した政治に怒れる聴衆の留飲《りゅういん》を大いに下げたことだろう。

一方で仲間たちには温かく接した。病気がちな妻子を持つ同志のため、伊豆に別荘を

作ったこともある。資金作りが下手だった犬養は、このとき自分の書軸を売却したという。満70歳を迎えると、念願の普通選挙が実現に至ったこともあり、犬養は政界からの引退を決意。議員を辞職している。

だが、地元の有権者は、犬養の引退を受け入れることができなかった。犬養の辞職により行われた補欠選挙で、岡山《おかやま》県の支援者は本人に許可を得ずに、犬養を当選させてしまったのである。地元の支援者から懇願された犬養はやむなく、議員に復帰。政友会総裁の田《た》中義《なかぎ》一《いち》が急死すると、犬養が総裁に就任し、76歳で内閣総理大臣となる。

高い人気がゆえに、引退どころか一国のリーダーとなった犬養。陸海軍の青年将校たちによる「五・一五事件」で暗殺されるのは、総理に就任してから、わずか5カ月後のことだ。

新渡戸稲造は国際連盟イチの人気者

かつて国際連盟の職員から高い人気を誇った日本人がいた。『武士道』の作者で、農学者、教育者の新渡戸稲造である。

第一次世界大戦後、国際連盟が設立されると、新渡戸は初代事務次長に選任。語学に堪能で、見識があり、人格者ということで、白羽の矢が立てられたらしい。新渡戸はその衝撃を友人への手紙で「自分に手腕があろうとは思いませんが、私の奉仕する大義こそ実に私の全精力を傾けるに値するものです」と書いている。

新渡戸は「知的協力委員会」の立ち上げに尽力。物理学者のアインシュタイン、キュリー夫人や哲学者のベルグソンなど、錚々《そうそう》たるメンバーを委員として、各国における学問や文化における国際協力を促進させた。これがのちに現在の「ユネスコ」となる。

国際連盟の職員の数百人を対象に「このジュネーブで最も人気のある人物の名を順に3人あげよ」という人気投票を行ったことがあった。その結果、2位、3位の人物はバラつきがあったが、1位は全員が新渡戸の名を上げた。その功績もさることながら、ユーモアにあふれて、誠実な人間性が人気の理由だったとか。見習うべき国際人だ。

アメリカの観客を魅了した「日本初の女優」川上貞奴

川上貞奴は「日本人初の女優」とされているが、ブレイクしたのはアメリカだった。夫の川上音二《かわかみおとじ》郎《ろう》は、演劇一座を率いる興行師で、アメリカ巡業に貞奴も同行。芝居経験のない貞奴はお手伝いのつもりだったが、サンフランシスコに着くと、急きょメインで出演することになる。日本の芸者に対する西洋人の強い関心があったからだ。

貞奴は、天皇への忠義を描いた『忠臣』、美しい娘が蛇になる『道成寺』などの演目で、現地の観客を魅了。「マダム貞奴」として欧米中で人気を博した。

オラオラ系

1位 藤原道長《ふじわらのみちなが》

966年〜1028年。藤原兼家《ふじわらのかねいえ》の5男として生まれる。左大臣の源 雅信《みなもとのまさのぶ》の娘・倫子《りんし》と結婚。出世を重ねて最高権力者として栄華を誇る。52歳で嫡男の頼通《よりみち》に摂政を譲って、太政大臣となる。糖尿病の悪化により62歳で死去。

2位 武田信虎《たけだのぶとら》

1494年〜1574年。甲斐国《かいのくに》の守護・武田信縄《たけだのぶつな》の長男として生まれる。14歳で家督を継ぐ。一族間の抗争をおさえながら、領国内の統一を果たし、近隣諸国へ侵攻。嫡男の晴信《はるのぶ》（信玄《しんげん》）によって駿河《するが》に追放される。

3位 芹沢鴨《せりざわかも》

生年不明〜1863年。常陸国芹《ひたちのくにせり》沢《ざわ》村にて芹沢家の当主・貞幹の3男として生まれる。剣術に優れて、幕府の浪士組編成に参加し、近藤勇《こんどういさみ》らと新選組を結成する。筆頭局長となるが、やがて近藤派と対立。暗殺される。

藤原道長のオラオラっぷりで天皇すら退位

「この世をば　わが世とぞ思ふ望月の　欠けたることもなしと　思へば」

この世は自分のためにあるのではないだろうか——。そんな傲慢な歌を残したことで知られる藤原道長だが、もともとは出世の見込みが薄かった。道長が22歳のとき、左大臣である源雅信《みなもとのまさのぶ》の長女・倫子《りんし》に求婚したが、大した地位ではない上に5男ということから、相手の父・雅信から「あんな青二才に娘はやれない」と一度は難色を示されているほどだ。

ところが、当の本人は、自分の出世を信じて疑っていなかったらしい。父の兼家《かねいえ》が関白の藤原頼忠《ふじわらのよりただ》の子である公任《きんとう》をうらやましがり、息子たちの前で「我が子たちは遠くおよばない、影を踏むこともできまい」と言うと、兄たちが黙るなか、道長だけが言い返した。

「影を踏むことはできないでしょうが、その面を踏んでやりましょう」

やがて父の兼家は、自身の孫が一条《いちじょう》天皇として即位すると、摂政の地位まで上り詰めて、息子たちの地位も引き上げていく。兄たちをはじめ道長も権中納言に昇進。このときまだ23歳だった道長は、出世の階段を上るのに、記録的な好スタートとなった。父の遅い出世が5男の道長には、かえって有利に働いたのである。

990年に父の兼家が亡くなり、5年後には二人の兄も病死。甥の伊周《これちか》との権力争いに

も勝利すると、道長はついに摂関家の筆頭へとのし上がっていく。

一条天皇の後は三条《さんじょう》天皇が帝位に就いたが、この三条天皇と道長は互いにうまくいかなかったようだ。三条天皇が目を患うと、道長はここぞとばかりに天皇に退位を迫った。三条天皇は日記に「大不忠の人」「いよいよ王道弱く、臣威強し」などと道長への愚痴をしたためている。道長の度重なるプレッシャーにより、三条天皇は治療に専念するどころではなく、強引に退位させられている。

天皇さえも強引に取り除いた道長。ほかにも貴族らしからぬ暴力事件を数多く起こしており、さぞ周囲から恐れられていたに違いない。だが、重度の糖尿病を患い、62歳で他界。オラオラ系貴族の道長も、病をねじ伏せることはできなかった。

武田信虎が追放されると馬や牛も喜んだ

荒々しくて強引な気性は、内乱続きの環境がそうさせたのかもしれない。

甲斐《かい》の戦国大名、武田信虎は13歳で家督を継承するやいなや、叔父の油川信恵《あぶらかわのぶよし》に反乱を起こされるが、これを鎮圧。国人たちの独立性が強いため、バラバラだった甲斐をまとめあげると、信濃《しなの》へと侵略を開始して、1日で36もの城を落とした。

めっぽう戦に強かった信虎だったが、「棟別銭《むなべちせん》」という税金を課したことで民衆の反感を買うことになる。反信虎の勢力が担ぎ上げたのが、信虎の息子、若き晴信《はるのぶ》（信玄《しんげん》）である。信虎は国外追放された。喜びに湧いたのは、民衆だけではなかったという。

「平生悪逆非道也、国中人民・牛馬・畜類共に愁悩す」（『塩山《えんざん》向嶽《こうがく》禅庵《ぜんあん》小年代記《しょうねんだいき》』）

普段から非道なことばかり行って、民衆はもちろんのことだが、牛や馬までが信虎の悪政に思い悩んでいた――。信虎の追放を正当化するために、どうも大げさに書かれていたようだ。家臣たちを怒らせてはいけないと、父を反面教師にしたのだろう。信玄は「オラオラ系」とは真逆のリーダシップをとり、人材を大切にした名将として名をはせた。

暗殺された新選組のバイオレンス男、芹沢鴨

新選組の局長といえば、近藤勇《こんどういさみ》がまず思い浮かぶが、初代局長は別にいる。草創期の新選組を牽引した芹沢鴨だ。水戸《みと》藩の武士階級出身である芹沢は、教養が豊かで面倒見も良かった。しかし、酒が入ると大暴れするのが常で、器物破損は日常茶飯事だったという。

乱闘騒ぎも多く、大和屋《やまとや》が攘夷志士に資金援助していると聞けば、大和屋を襲撃してことごとく破壊。焼き討ちにして、大和屋の建物はほぼ全焼してしまう。また、相撲の力士の集団と一悶着があったときには、力士を斬りつけて大怪我を負わせた。

どうにもバイオレンスすぎる芹沢。新選組が結成されて半年後に、近藤派に暗殺された。

ビビり

1位 聖武天皇《しょうむ》

701年〜756年。文武《もんむ》天皇の皇子として生まれる。母は藤原不《ふじわらのふ》比等《ひと》の娘・宮子《みやこ》。24歳で元正《げんしょう》天皇から譲位されて、第45代天皇に即位。仏教を深く信奉し、東大寺を建立。奈良《なら》大仏を鋳造して天平文化をつくりだした。

2位 高杉晋作《たかすぎしんさく》

1839年〜1867年。長州《ちょうしゅう》藩士、高《たか》杉小忠太《すぎこちゅうた》の長男として生まれる。吉田松陰《よしだしょういん》に師事して、時世に目覚める。身分制度にとらわれない奇兵隊《きへいたい》を創設。長州藩を倒幕運動に方向づけた。倒幕の直前に肺結核により27歳で死去。

3位 藤原頼通《ふじわらのよりみち》

992年〜1074年。藤原道長《ふじわらのみちなが》の長男として生まれる。母は源 倫子《みなもとのりんし》。道長の後ろ盾で、急速に出世。後一条《ごいちじょう》天皇、後朱雀《ごすざく》天皇、後冷《ごれい》泉《ぜい》天皇と3代にわたり、摂政や関白の座を占めた。国風文化を代表する平等院鳳凰堂《びょうどういんほうおうどう》を創建。

不運から逃れるために都を変えまくった聖武天皇

これだけ不運な人物も珍しい。聖武天皇が７２４年、第45代天皇に、即位してからというもの、災いごとばかりが降りかかってくるのだ。

即位の翌年には、平城京を中心として大地震が起こったかと思えば、７３２年からは、近畿地方で大干ばつが起きたことで、翌年からは各地で飢饉に見舞われてしまう。

７３４年になると、大和《やまと》・河内《かわち》で大地震が起きる。そして挙句の果てには、天然痘の大流行だ。さらに７４０年には、九州で藤原広嗣《ふじわらのひろつぐ》の乱まで起きて……。

「いやになっちゃう！」と思うことだろう。しかも、聖武天皇は即位して3年後の７２７年に待望の男子が生まれたが、2歳を数えず亡くなってしまう。生後すぐに皇太子にするほどかわいがった聖武天皇からすれば、どんな災害よりも大きな悲劇だったに違いない。その後、有力者の藤原氏が、左大臣の長屋王《ながやおう》を排斥する「長屋王の変」まで起きる。

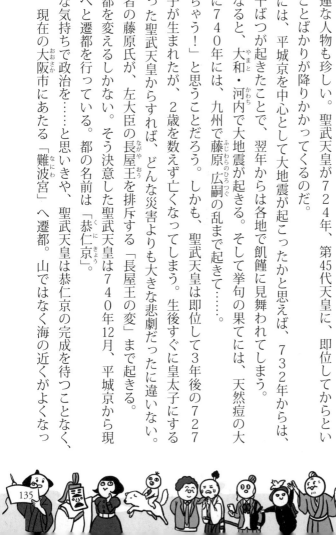

もうこれは都を変えるしかない。そう決意した聖武天皇は７４０年12月、平城京から現在の木津川《きづがわ》市へと遷都を行っている。都の名前は「恭仁京《くにきょう》」。

ここで新たな気持ちで政治を……と思いきや、聖武天皇は恭仁京の完成を待つことなく、７４４年には、現在の大阪《おおさか》市にあたる「難波《なにわ》宮」へ遷都。山ではなく海の近くがよくなったのか…と思いきや、745年には、さらに現在の滋賀《しが》県甲賀《こうか》市の紫香楽宮《しがらきのみや》へと都を移す。さすがに変え過ぎでしょ！　それでも「今度こそはここで腰を据えて」と、聖武天皇は考えたらしい。大仏建立の詔《みことのり》を発布して、大仏の建立を開始している。

え？　大仏は滋賀じゃなくて奈良《なら》だよね、と思ったら、予感的中。さらに、同年に都を再び、平城京に戻しているのだ。

不運ばかりで明らかに祟られている……とビビりだしたら、止まらなくなった聖武天皇。遷都のたびに大規模工事が繰り返され、人民たちはすっかり疲弊させられることになった。

ひよって吉田松陰から破門された高杉晋作

「知行合一《ちこうごういつ》」、本当の知は実践を伴わなければならない……。

それこそが、幕末の思想家、吉田松陰《よしだしょういん》の教育理念だった。だからこそ、松陰は長州《ちょうしゅう》藩からの脱藩を決行したり、ペリーの黒船に乗り込んでアメリカに行こうとしたりした。

松陰が開く「松下村塾《しょうかそんじゅく》」には、そんなアバンギャルドな師匠に憧れた、門下生が数多く集まった……はずだったのだが、獄中でもヤバい計画を立て続ける松陰には、門下生たちも、引いてしまったらしい。

高杉晋作、久坂玄瑞《くさかげんずい》・飯田正伯《いいだしょうはく》・尾寺新之丞《おでらしんのじょう》・中谷正亮《なかたにしょうすけ》らの5人は、獄中の松陰に血

判状を送っている。それは師匠の行動を後押しするものではなく「状況的にまだ時期尚早です」と、計画の中止を勧めるものであった。

だが松陰はこれを受けて、弟子たちを破門。とりわけ高杉晋作への絶望は深かったようで、「晋作は思慮ある男なのに納得できない」と手紙で書いている。

家族の反対もありビビッてしまった晋作。だが、「安政の大獄」で松陰が処刑されると覚醒。数年後、わずかな兵で挙兵し、長州藩を倒幕に導くことになる。

道長と大違いの優柔不断息子、藤原頼通

1017年、平安時代で栄華を極めた藤原道長《ふじわらのみちなが》が引退すると、息子の藤原頼通が26歳と最年少で摂政となった。1028年に道長パパが亡くなると、本格的に政務をとることになるが、この頼通がどうにも頼りなかった。

天台宗のなかで対立が起きて、山門派（延暦寺《えんりゃくじ》）と寺門派（園城寺《おんじょうじ》）に分裂。どちらの要望を聞いても、事を荒立てることになるため、頼通と後朱雀《ごすざく》天皇との間で「決めてください」「いやいや、そっちが決めてよ」と責任のなすり付け合いが行われることに……。

オラオラ系の父の道長（131ページ）とは違い優柔不断な頼通だったが、一方では、仏教への厚い信仰心から豪華な「平等院鳳凰堂《びょうどういんほうおうどう》」の造営を決断。好きなことはやるタイプだ。

陰キャ

1位 前野良沢《まえのりょうたく》

1723年〜1803年。中津《なかつ》藩医でありながら、47歳にして蘭学を志し、青木昆陽《あおきこんよう》に師事。解剖書『ターヘル・アナトミア』と出会い、杉田玄白《すぎたげんぱく》や中川淳庵《なかがわじゅんあん》らと翻訳を開始。1774年に『解体新書』として刊行した。

2位 卑弥呼《ひみこ》

２世紀末から３世紀前半にかけて、倭国《わこく》（日本）を統治したとされる邪馬台国《やまたいこく》の女王。日本の歴史の中で、最も古い女王とされている。魏《ぎ》に使いを送って「親魏倭王」と刻まれた金印と銅鏡などの宝物が与えられた。

3位 島津久光《しまづひさみつ》

1817年〜1887年。島津家第27代当主島津斉興《しまづなりおき》の5男として生まれる。11代藩主の兄・島津斉《しまづなり》彬《あきら》の死後、藩主となった実子・忠義《ただよし》（後の島津茂久《しまづもちひさ》）に代わり、「国父」として藩政の実権を握った。

「陽キャ」の杉田玄白と対照的な「陰キャ」前野良沢

「江戸にいながらオランダ語を学ぶのは無謀だ」

1765年、長崎から江戸にくるというので、わざわざ会いにいったオランダ大通詞の西善三郎《にしぜんざぶろう》から、前野良沢と杉田《すぎた》玄白《げんぱく》はそんなふうに言われてしまう。

二人はともに医師で、オランダ語を学びたいと考えていたが、出鼻をくじかれることになった。だが、その後の二人の態度は対照的だった。「じゃあ、やめておこう」とあっさり諦める玄白に対して、良沢は「では、長崎に行けば身につくかもしれない」と考えた。

一人で内なる闘志を燃やす「陰キャタイプ」は、ここぞというときに、案外に「陽キャ」よりも、行動力があったりする。良沢は4年後に長崎行きを決行し、オランダ語を学び始める。長崎で手に入れて持ち帰ったのが、西洋の解剖書『ターヘル・アナトミア』だ。同時期にたまたま同じ本の存在を知った玄白や、医者の中川淳庵《なかがわじゅんあん》らと翻訳にあたると、その作業は4年にもおよぶことになる。

そして1774年、5巻にもわたる翻訳書『解体新書』が刊行される。ところが、そこには良沢の名はなかった。訳の厳密さにこだわった良沢は出来ばえに納得できず、発行を急ぐ玄白に対して自分の名前の掲載を断ったのだ。

『解体新書』の出版は大反響を呼んだ。玄白のもとには学問を乞う人が多く集まり、優秀な学者を輩出する。玄白自身も江戸屈指の流行医となり、家族や弟子たちに囲まれながら晩年を過ごし、83歳で息を引き取った。

一方の良沢は、人との交わりを絶ち、オランダ語の翻訳に没頭。患者を増やす気もなく、貧しい開業医として過ごした。私生活では子どもや妻を亡くし、家督を養子に譲ると、借家住まいで一人暮らしをした。幸せは人それぞれ。良沢らしい81年の生涯を全うした。

弟以外には会わずにひきこもった卑弥呼

国の指導者といえば、みなを見下ろしながら、拳をふりかざし鼓舞する姿が思い浮かぶが、邪馬《やま》台国《たいこく》の女王である卑弥呼は、そういったタイプのリーダーではなかった。

『魏《ぎ》志《し》倭《わ》人伝《じんでん》』には、卑弥呼について「高齢の独身者で、弟がいてサポートをしている」とあり、「王となってから、お目にかかれた者はわずかである」と記載されている。

カリスマ性を高める目的はあったにせよ、いかなるときも弟にしか会わないという徹底ぶりは、それ以上の気質を感じずにはいられない。次のようにも書かれている。

「侍女千人がいて、自発的に仕え、ただ男子一人がいて、飲食物を運んだり、言葉を伝えたりするため、女王の住んでいる所へ出入りしている」（『魏志倭人伝』）

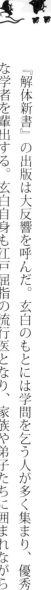

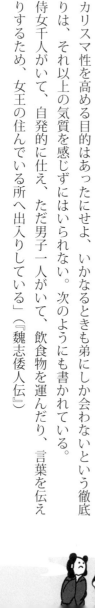

せっかく侍女が１０００人もいるのに、弟一人で食事も運ばないといけないし、伝令も伝えなければならない。あまりにハードワークで気の毒にすらなってしまう。

弟にどんな食事を運ばせていたのかといえば、玄米の炊き込みご飯や鯛の塩焼き、ミョウガ、フグの一夜干し、アワビの焼物、ハマグリとイイダコのワカメ汁、サトイモ、タケノコと豚肉の合わせ煮、ゆでワラビ、アワ団子のシソの実あえ、煎りエゴマ風味のキビモチ……。常にステイホームで、バランスのよい食事を楽しんだ卑弥呼だった。

「廃藩置県」に激怒して一晩中花火を打ち上げた島津久光

薩摩《さつま》藩の島津久光は、国父として実権を握りながらも、優秀な亡き兄の斉彬《なりあきら》と何かと比べられて、見くびられることもあった。その筆頭が西郷隆盛《さいごうたかもり》だ。久光が兄と同じく上京を計画すると、西郷から「あなたのような田舎者には無理だ」と暴言を吐かれている。

西郷を島流しにした久光だったが、しぶとい西郷は復帰。明治新政府の立役者となった西郷によって、「絶対にやるなよ」と念押ししていた「廃藩置県」を断行されてしまう。

久光は「余は西郷と大久保《おおくぼ》に騙された！」と激怒。だが、薩摩藩兵は、中央政府の親兵としてとられてしまっているので、どうすることもできない。怒れる久光は、自邸の庭で一晩中、花火を打ち上げるように命じたという。ちょっと可哀相な気も。

満員電車に耐えられなさそう

1位

中原中也《なかはらちゅうや》

1907年～1937年。山口《やまぐち》県生まれ。短歌投稿や文学に熱中して中学を落第。立命館中学に転校。ダダイズムの詩、小説、戯曲などを書き始め、上京後に訳詩集『ランボオ詩集』や第一詩集『山羊の歌』を刊行。30歳で死去。

2位

種田山頭火《たねださんとうか》

1882 年～1940 年。山口《やまぐち》県生まれ。早稲田大学に入学するも神経衰弱で中退。帰郷後は自由律俳句を作る。実家の破産や父・弟の死をきっかけに42 歳で得度し、各地を漂泊する旅へ。句集に『鉢《はち》の子』『草木塔《そうもくとう》』など。

3位

豊臣秀頼《とよとみひでより》

1593年～1615年。豊臣秀吉《とよとみひでよし》の3男として、大坂《おおさか》城で生まれる。右大臣まで進むも、京都方広寺《ほうこうじ》の鐘銘問題をきっかけに、徳《とく》川《がわ》家と衝突。「大坂夏の陣」で敗れ、母の淀殿《よどどの》（茶々《ちゃちゃ》）と自害。豊臣家は滅亡する。

中原中也は型破りすぎて就職できない

詩人の中原中也はとにかく酒癖が悪く、やたらと人にからむ悪癖があった。作家の太宰《だざい》治《おさむ》に「青鯖が空に浮んだような顔をしやがって」とからみ、「全体、おめえは何の花が好きだい？」と唐突に質問。太宰が「モモノハナ」と答えると、「チエッ、だからおめえは」と悪態をついて、おでん屋で大喧嘩したことはよく知られている。

また中也には、いきなり人の家を訪ねるというはた迷惑な気質もあった。友人の内海《うつみ》誓《せい》一郎《いちろう》も、ちょうど作曲しているところに、中也の突撃訪問を受けたことがある。ストーブの前に座り込んで居座る中也に、仕事を邪魔された内海が怒って「もう帰れ！」というと中也は、憎たらしく笑みを浮かべ、帰り際にこんなセリフを吐いた。

「よくおれが邪魔するせいで書けないという奴があるが、そんなの芸術家じゃねえよ」

そんな型破りな中也が、朝の満員電車に耐えられるわけもないが、一時期は就職しようと考えた。親族に勧められて、29歳のときにＮＨＫの入社試験を受けた。２歳になる息子がいたこともあったのだろう。中也は履歴書を書いて、文芸部長との面接に挑んだ。

だが、履歴書にはただ「詩生活」と書いてあるだけ。面接官が「これでは履歴書にならない」と言うと、中也は不思議そうにこう言った。

「それ以外の履歴が私にとって何か意味があるのですか」

就職する者としてはあまりにもマズイ答えだ。面接官が「そういう考え方は、就職でもしようという人の考え方ではない」ともっともなことを言うと、中也も答えた。

「そんなバカな就職というものは御免です」

満員電車うんぬん以前に、短期間の面接すら耐えられない中也だった。

スキあれば旅に出ちゃう種田山頭火

俳人の種田山頭火は43歳のときに放浪の旅に出かけてから、死ぬまで放浪し続けた。一時期は熊本《くまもと》に移り住み、マジメに働こうとするも断念。けっきょくはお酒ばかりを飲んでしまう。生活のために借金した友人にあてて、こんな手紙を書いた。

「私はとうとうまた旅に出ました。まことに懸命の旅であります。私はやっぱり乞食坊主以外のものにはなりきれません」

そうかと思えば、また熊本に帰って来て、俳句雑誌『三八九』を発行。好きな俳句に没頭すれば、腰も落ち着くかと思いきや、1年もしたらまた旅に出るのだった。

「私はまた草履《わらじ》をはかなければならなくなりました。旅から旅へ旅し続ける外《ほか》ない私でありました」

そんな山頭火が満員電車なんて乗った日には、すぐに次の駅で降りて、逆方面へと旅に出てしまうことだろう。57歳で松山《まつやま》市に移住。翌年、松山市の「一草庵《いちそうあん》」で生涯を閉じる。

豊臣一族滅亡のきっかけは、秀頼が巨漢すぎたから

天下統一への道を突き進み、関白まで上り詰めた戦国大名の豊臣秀吉《とよとみひでよし》だったが、子どもには恵まれなかった。ようやく側室の茶々《ちゃちゃ》との間に生まれた鶴松《つるまつ》は早世。失意の秀吉は甥の秀次《ひでつぐ》を後継者とするが、側室の茶々が再び懐妊して男の子を生むと、やはり自分の息子に継がせたくなったようだ。甥を自害に追い込んで、我が子の秀頼を後継者としている。

幼少期から秀吉や茶々に溺愛された秀頼には、過酷な満員電車など耐えられるはずがない……何もそんな理由でランクインさせたわけではない。

徳川家康《とくがわいえやす》に滅ぼされたこともあって、軟弱なイメージが強い秀頼だが、実はかなり体がデカかった。小柄な父の秀吉とはまったく違い、秀頼の身長は6尺5寸、つまり、約197センチの高身長で、さらに体重43貫と、約161キロだったというから、けた外れの巨漢である。朝のラッシュ時は、乗り込むだけでも一苦労だ。

ちなみに、家康は二条城で19歳になった秀頼と、実に8年ぶりに会ったときに、その威風堂々とした風体に驚愕。豊臣一族を亡ぼすことを決めたとも言われている。

コラム

「最も長く将軍を務めた男」はトンデモない記録の持ち主だった！

「読者家」で1位にランクインした徳川家康。『吾妻鏡』を読み込んだ甲斐もあって、家康が創設した江戸幕府は、約２６０年にもわたる泰平の世を実現させた。

実に15人もの将軍がタスキをつなぐことになったが、その在任期間については意外と知られていない。はたして、最も長く将軍を務めたのは、誰だったのか。

第2位は「暴れん坊将軍」の異名で知られる、8代将軍の徳川吉宗だ。本書のランキングでは「疑り深いネクラ」でランクインするだけあって、慎重に反対勢力を排除しながら、改革をやり遂げた。約29年1カ月にわたって将軍を務めている。

そして第1位が、11代将軍の徳川家斉である。家斉の側室は40人とも50人ともいわれており、「55人も子どもを残す」というトンデモない記録の持ち主である。子孫がそれだけ多ければ、さまざまな大名とつながりを持つことができる。そんな「人類みな兄弟」作戦で、家斉の在位は、歴代将軍最長の50年にもおよんだ。ぶっちぎりの1位で何かとスケールが大きい家斉だった。

第4章

実は私、オタクでした

上司とケンカしてそう

1位 大塩平八郎《おおしおへいはちろう》

1793年～1837年。大坂《おおさか》町奉行所与力の子として天満《てんま》に生まれた。自身も大坂町奉行所与力となるが、私塾「洗心洞《せんしんどう》」を開いたのち、与力を辞職。陽明学の研究に専念。「大塩平八郎の乱」を起こすも半日で鎮圧される。

2位 新井白石《あらいはくせき》

1657年～1725年。下級武士の子として生まれた。独学で儒学を学んだのち、朱子学者・木下《きのした》順庵《じゅんあん》の弟子となる。甲府《こうふ》藩主・徳川綱豊《とくがわつなとよ》の侍講《じこう》となり、綱豊が家宣《いえのぶ》として6代将軍になると、幕政を主導。「正徳の治」を行った。

3位 兼好法師《けんこうほうし》

1283年～1353年（諸説あり）。北条氏の一門である金沢氏に仕えて右筆（書記）をつとめたとも。晩年は歌人として活躍。のちに「日本三大随筆」の一つとされる『徒然草』を書いた。本名は「卜部《うらべの》兼好」。

大塩平八郎、命がけの不正告発

「民衆が飢えに苦しんでいるのに、何一つ手を打たない、それどころか……」

大塩平八郎は、そう苛立ったことだろう。１８３３年から１８３７年にかけて「天保の大飢饉」が起きると、餓死者が続出。平八郎は大坂《おおさか》東町奉行の跡部《あとべ》良弼《よしすけ》に、何度となく救済案を提案したが、すべて無視されてしまう。それどころか、豪商らによる米の買い占めを傍観して、米価がさらに高騰する有様だった。

平八郎が役所に提案まで行ったのは、自身が14歳のときから、大坂東町奉行所に出仕しており、自身も役人だったからである。正義感が強かった平八郎は役人時代に、あらゆる不正行為を憎み、汚職を見つけるやいなや、告発を行った。

上司である東町奉行の高井《たかい》実徳《さねのり》は、そんな平八郎を重用したが、周囲からは疎まれることも多かった。実徳が転勤してしまうと、平八郎は役人を辞めて、私塾を開くことになる。以降は門下生たちに陽明学を教えたが、もともとは現場を取り仕切った役人だけに、民衆を虐げるような、今の大坂町奉行のやり方に耐えられなかったのだろう。

「こうなったら武装蜂起して、奉行らを討って豪商を焼き討ちするほかはない」

こうと決めたら止まらない平八郎は、１８３７年に民衆とともに立ち上がる。のちに

「大塩平八郎の乱」と呼ばれる反乱だが、当日のうちにあっさり鎮圧されてしまう。反乱の関係者が逮捕されるなか、首謀者の大塩は養子の格之助《かくのすけ》と逃亡。おそらく時間を稼いでいたのだろう。実は平八郎は挙兵の前日に、老中への告白状を飛脚に託していた。何としてでも不正を暴こうとする平八郎の執念には頭が下がるが、大坂町奉行の関係者によって握りつぶされてしまい、告発は失敗に終わる。潜伏先も幕府に露呈し、平八郎は格之助とともに自決した。

平八郎はかなり短気だったようで、友人の頼山陽《らいさんよう》から先走りしやすい性格を、諫められたこともあったとか。志はそのままに、もう少し違うやり方ができればよかったかも。

上司に「人一人殺すくらい簡単」とすごんで意見を通した新井白石

江戸時代中期に活躍した儒者の新井白石は、将軍相手にも自分の意見を突き通した。こんな意見書を、第6代将軍の徳川家宣《とくがわいえのぶ》に提出している。

「年は取り細腕ではありますが、人一人刺し殺すくらいなら、造作もなきことです……」

学者とは思えない物騒な内容だが、白石が殺さんとばかりに恨んだのは、勘定奉行を担った荻原重秀《おぎわらしげひで》である。二人は経済政策でまったく意見が合わなかった。

上司である将軍としては、対応が難しい場面だ。初めは両者の間でバランスをとろうと

した家宣だったが「そこまで言うなら……」と、荻原の罷免に踏み切っている。

そんな自分の意見を聞いてくれた将軍の家宣が死去すると、白石はわずか5歳の鍋松《なべまつ》を推して、徳川家継《いえつぐ》として就任させることに成功した。その後は、同じく将軍の側近である間部《まなべ》詮房《あきふさ》と手を組みながら「正徳の治」と呼ばれる政治を実行する。「改革の鬼」とも呼ばれた。

自分の意見を通すためなら手段を選ばなかった白石だが、引き際も早かった。家継が死去して徳川吉宗《とくがわよしむね》が8代将軍に就任すると、家継の側近は全員クビにされるが、白石だけは罷免される前に辞表を提出していたという。勝てないケンカはしない白石だった。

兼好法師が言ってのけた、時代を超える飲み会への疑問

会社の飲み会には参加したくない――。そんな若手社員も増えてきているようだ。SNSでは、職場の忘年会に参加したくない「忘年会スルー」が話題になった。そんななかで注目されたのが、日本三大随筆の一つで鎌倉時代に書かれた『徒然草《つれづれぐさ》』の175段である。

「世間には、理解に苦しむことが多い。ことあるごとに、酒を勧めてきて、無理に酒を飲ませて喜ぶ習慣は、どういうことなのか理解できない」

作者の兼好法師は飲み会での醜態を嘆きながら、気の合う人であれば「思う存分語り合って盃をやりとりするのは、至高の喜びだ」とも。飲み会は相手次第で地獄にも楽園にも。

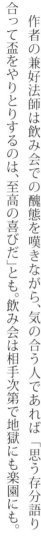

暴走しがち

1位 野口英世《のぐちひでよ》

1876年～1928年。福島《ふくしま》県猪苗《いなわ》代《しろ》町生まれ。医師免許を取得して、渡米。ロックフェラー医学研究所に勤め、梅毒スピロヘータの純粋培養に成功。黄熱病の病原体を特定し、3度ノーベル医学賞の候補となった。

2位 森長可《もりながよし》

1558年～1584年。織田《おだ》家家臣・森可成《もりよしなり》の次男として尾張国《おわりのくに》に生まれた。父と長兄の死により13歳で家督を継ぐ。信長《のぶなが》の下で武功を挙げる。槍術の名手で「鬼武蔵」の異名を持つ。小牧《こまき》・長《なが》久手《くて》の戦いで27歳のときに戦死。

3位 細川忠興《ほそかわただおき》

1563年～1646年。足利《あしかが》将軍家に仕える父・細川藤孝《ほそかわふじたか》の長男として生まれる。妻は細川ガラシャ（明智光秀《あけちみつひで》の3女）。父とともに織田信長《おだのぶなが》、豊臣秀吉《とよとみひでよし》、徳《とく》川家康《がわいえやす》に仕えた。関ヶ原《せきがはら》の戦い後は豊前小倉《ぶぜんこくら》藩の初代藩主となった。

はた迷惑なほど行動力がハンパない野口英世

「余の辞書に不可能の文字はない」のフレーズは、英雄ナポレオンの言葉として知られているが、困難にめげなかったという点では、医学者の野口英世も負けてはいない。

福島《ふくしま》県の寒村に生まれた野口は、1歳のときに囲炉裏に落ちたことで、左手に大やけどを負ってしまう。農作業ができなくなったことから、学問で身を立てることを決意。手術によって、自身の左手が使えるようになったことに感激し、医師を志す。

猛勉強をしている最中に野口が出会ったのが、6歳年長の血脇守之助《ちわきもりのすけ》である。血脇は東京で歯科医院を営んでおり、会津若松《あいづわかまつ》にたまたま出張診療で訪れたときに、野口を見かけた。ぼさぼさの頭で、医学書を読む姿に心を打たれたらしい。血脇は野口に声をかけた。

「東京に来たときは立ち寄るように」

激励を込めて何気なくかけた言葉だったが、野口はこの言葉を信じて、無一文で上京。「玄関番、車引き、なんでもするから使ってほしいのです」と懇願して、無理矢理に住み込みで働くことに成功している。

後に野口はアメリカでも同じ手を使っている。東京で会ったことのあるフレクスナー博士のもとに突然訪問したのだ。驚く博士を前にして野口は言った。

「お約束通り、日本からやってまいりました。大学の助手に採用してください」

もちろん、約束などしていない。一度は断られるも、このときも得意の「懇願」で一点突破。無給で置いてもらっている。あまりに強引だが、そもそも留学資金を調達するためにも無茶をしている。野口は東京の資産家と知り合うと、こんな話を切り出された。

「自分の姪と英世さんが結婚してくれるのなら渡航費用の面倒を見ます」

野口はこれを快諾。しかし、けっきょくは費用だけ出させて、結婚の約束は反故《ほご》にしている。「そんなお金で留学して恥ずかしくないのか」と思うかもしれないが、この費用は留学には使われていない。金銭感覚が欠如している野口は、アメリカ出発前夜に大宴会を開き、お金を使い果たしてしまったのである。

結婚詐欺をして得た留学費用を酒代に消費した男、野口。途方に暮れて泣きついた相手は、やはり血脇だった。血脇は借金までして渡航費用を捻出し、野口の夢を叶えている。

弟を30メートルの崖から突き落とした森長可

鬼武蔵――。勇猛な戦いぶりからそう呼ばれたのが、織田《おだ》信長《のぶなが》に仕えた武将の森長可である、１５８２年の武田《たけだ》征伐においても、危険を顧みずに果敢に攻め込んだ。武田氏の滅亡に貢献したとして、信濃国《しなののくに》の４郡と、海津《かいづ》城を与えられている。

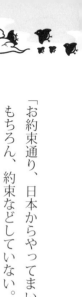

ただ、暴走気味なところもあった森長可は梶原景久《かじわらかげひさ》とともに、勝手に前進し、信長を困らせた。信長は最前線の河尻秀隆《かわじりひでたか》に宛てた同年2月23日付の書状で「粗忽な行動をせぬよう度々申し聞かせたが、なお申しておく」と森長可ら若者の行動に釘を差している。

「本能寺《ほんのうじ》の変」で信長が討たれると、末弟の仙千代《せんちよ》が、信長の3男・織田信孝《おだのぶたか》の岐阜《ぎふ》城に人質として預けられることになる。長可は岐阜城に忍び込んで弟を救出するが、助け方が豪快すぎた。弟を30メートルの崖下に突き落として、あらかじめ下に敷いていた布団に落下させたのである。攻めるときも味方を助けるときも、暴走しがちな長可だった。

妻に見とれた庭師を斬った細川忠興

「本能寺の変」で「裏切り者の娘」と烙印を押されたのが、明智光秀《あけちみつひで》の娘、細川ガラシャだ。夫・細川忠興からも離縁されるかと思いきや、丹後国《たんごのくに》の味土野《みどの》に幽閉され、その後は細川家の大坂屋敷に戻されている。忠興はそれほど妻のガラシャを愛していた。そんなある日「妻に見とれていたな！」と忠興は激昂し、庭師を斬ってしまった。愛が重い……。

都会っ子

1位 源《みなもとの》頼《より》朝《とも》

1147年～1199年。清和《せいわ》源氏一族を束ねた源《みなもとの》義朝《よしとも》の３男として生まれた。伊豆《いず》で平家打倒の兵を挙げて勝利。鎌倉幕府を開き、初代征夷大将軍となる。日本で初となる武家政権を樹立した。落馬による傷で53歳で死去。

2位 西行《さいぎょう》

1118年～1190年。名門の武士の家に生まれ、佐藤義清《さとうのりきよ》の名で鳥羽《とば》上皇の北面の武士として出仕。23歳で出家すると草庵に住みつつ、諸国を行脚し歌を詠んだ。勅撰和歌集や私撰和歌集に数多くの作品が収められている。

3位 永井荷風《ながいかふう》

1879 年～1959 年。東京《とうきょう》生まれ。外国語学校を中退後、アメリカやフランスへ。帰国後、『あめりか物語』『ふらんす物語』を発表。耽美主義の旗手として、文壇に注目される。代表作に『腕くらべ』『濹東綺譚《ぼくとうきだん》』など。

お経を読み、狩りをしてモテた源頼朝

鎌倉幕府の創設以来、最大の危機に際して、スピーチの力で御家人たちを奮起させた北《ほう》条《じょう》政子《まさこ》（31ページ）。だが、そんな堂々たる政子も、夫の源頼朝にはヤキモキさせられた。何しろ頼朝は女好きで、隙あらば、すぐに浮気に走ってしまう。政子が第2子の頼家《よりいえ》を身籠っているときも、「亀の前《かめのまえ》」という女性に熱を上げた。出産後に、浮気を知った政子は、人に命じて「亀の前」の屋敷を破壊させている。

もっとも頼朝の女好きは以前からのこと。頼朝は政子と出会う前にも、伊東祐親《いとうすけちか》の娘との間に、子どもを作っている。伊東祐親とは、伊豆の東海岸の豪族だ。京都での警護役を終えて帰ってきたときに、祐親は娘が頼朝と恋仲になったことを知り、激怒した。

なにしろ、この頃の頼朝は罪人だった。「平治の乱」で平氏に敗れた源義朝《みなもとのよしとも》の3男頼朝は、14歳で伊豆《いず》の国へと流された。もし、かかわれば平氏に目をつけられてしまう。二人の仲が引き裂かれた結果、頼朝は政子と出会い、駆け落ち同然で結婚することになる。

それにしても、頼朝は囚われの身でありながら、ずいぶんと恋愛に積極的だ。これには頼朝の生まれが関係している。というのも、「源」の姓は第52代嵯峨《さが》天皇の流れをくんだ、嵯峨源氏から始まっている。

つまり、頼朝は京都生まれの武家貴族だった。囚人の立場ではあったものの、不自由な生活を送っていたわけではなく、お経を読み、時には狩りも楽しんだ。都会人の頼朝は、豪族の娘たちから珍しがられて、モテまくったようだ。

何とも羨ましい身分だが、そんな頼朝だからこそ、朝廷に対して卑屈になることもなければ、対抗意識を燃やすこともなかった。巧みな政治的交渉を行いながら、鎌倉幕府という初めての武家政権を成立させることができたのである。

世捨て人なのにすぐ都会に戻って来ちゃう西行

西行は23歳のときに、家族も仕事も捨てて世捨て人になることを決意。京都の郊外の小屋で仏道に励むことになった……はずなのだが、京都《きょうと》育ちの西行にとっては、簡単なことではなかった。春になって花見に誘われると、京まで繰り出して、つい参加してしまう。そんな自分を嘆いて、こんな歌を詠んだ。

「世の中を捨てて捨てえぬ心地して　都離れぬ我が身なりけり」

現代語訳すれば「出家して世の中を捨てたけれども、まだ捨てきれない心持ちがする。都から離れられない私なのだ」というもの。なにしろ、住まいからして中途半端だった。東山《ひがしやま》や鞍馬《くらま》、嵯峨《さが》など平安京から近く、都と地方の境のような場所に草庵を結んでいる。

西行も「このままではいけない」と思ったのだろう。奈良《なら》の吉野《よしの》山へと居を移し、陸奥《みちのく》や出羽《でわ》などの東北地方への2年におよぶ旅に出た。やがて高野山《こうやさん》へと辿り着き、少しは出家らしくなってきたが、相変わらずくよくよと「世が捨てられない」と嘆くのだった。

永井荷風に学ぶ、いじめられた時の仕返しの方法

隅田《すみだ》川を背景に江戸《えど》の面影を描いた『すみだ川』や、銀座《ぎんざ》の女給風俗を写した『つゆのあとさき』などの作品を残した、永井荷風。荷風は生まれも育ちも東京で、高級官僚の父と高名な漢学者の娘である母のもと、小石川《こいしかわ》の上流家庭に生まれた。

中学時代のことだ。髪を伸ばしてキレイな洋服をまとう、いかにも「金持ちの子ども」という風体で目をつけられたのだろう。数人のワンパク坊主たちに、人気のないところで伸ばした髪をジョギジョギと切られたうえに、ボコボコに殴られてしまう。

しかし、荷風も負けてはいない。後日、殴られた顔とザンギリ頭のまま、いじめっ子連中の家に家庭訪問し、親に向かってこう言った。

「君の家の息子がおれをこんなにした。いつかひとり、ひとりの時にやっつけてやるから、その時になって親が苦情を言うな」

親たちみな、顔色変えて平謝りしたという。金持ちの都会人は仕返しもスマートだ。

いなかっぺ

1位 長宗我部元親《ちょうそかべもとちか》

1539年～1599年。岡豊《おこう》城主の長宗我部《ちょうそかべ》国親の嫡男として土佐《とさ》国に生まれる。土佐、さらに四国全土を支配するも、豊臣秀吉《とよとみひでよし》の四国征伐で降伏。九州征伐・朝鮮出兵に参加。分国法「長宗我部元親百箇条」を定めた。

2位 木曾義仲《きそよしなか》

1154年～1184年。河内《かわち》源氏の一族、源義賢《みなもとのよしかた》の次男として生まれた。以仁王《もちひとおう》の令旨で挙兵すると、北陸道を西上して入京。源頼朝《みなもとのよりとも》・平氏と全国を3分したが、後白河院《ごしらかわいん》と対立。源範頼《みなもとののりより》や義経《よしつね》の追討により敗死する。

3位 渋沢栄一《しぶさわえいいち》

1840年～1931年。豪農の長男として生まれる。一橋《ひとつばし》家に仕えて、パリ万国博覧会に出席する徳川昭武《とくがわあきたけ》に随行。明治新政府では大蔵大丞となるが、翌年退官。実業界へ。500社以上の会社に携わった「資本主義の父」。

信長にいなかっぺとバカにされた長宗我部元親

あだ名をつけるのが好きな織田《おだ》信長《のぶなが》は、豊臣秀吉《とよとみひでよし》を「ハゲネズミ」、前田《まえだ》利家《としいえ》を「犬」と呼んでいたという。土佐《とさ》の長宗我部元親には、こんなあだ名をつけた。

「鳥なき島のコウモリ」

元親は１５３９年、土佐の岡豊《おこう》城に生まれた。土佐は京から離れていたばかりか、罪人が送られる僻地でもあったため、信長はそんなあだ名をつけて、田舎者だとバカにしたわけである。天下を狙うには、あまりにも地の利が悪かった。信長、秀吉、家康《いえやす》が日本の中心部、東海地方に生まれついたのとは対照的である。

それでも長宗我部が偉かったのは、そんな失礼な信長にも心を乱されずに、融和の道を選んだことだ。信長の家臣、明智《あけち》光秀《みつひで》との関係性を強化しながら、四国平定を果たした。

その後、本能寺《ほんのうじ》の変で信長が暗殺されると、明智家と近かった元親は、秀吉によって土佐一国へと再び縮小されてしまう。秀吉の臣下になってからは、はるばる朝鮮半島まで遠征した文禄《ぶんろく》・慶長《けいちょう》の役にも参加させられている。ある宴席で秀吉からこうからまれた。

「その方は四国統一を望んだのか、それとも天下統一を望んだのか」

元親は「どうして四国を望みましょうや」とムッとしながら、こんなことを言った。

「悪い時代に生まれてきて、天下の主になり損ねました」

秀吉は1536年頃の生まれだから、元親より2歳ほど年上に過ぎない。同世代に秀吉がいるという運の悪さを元親は嘆いたのである。秀吉はこの返答に上機嫌になったとか。

地の利も悪く、時代も悪い――。元親はそう自覚していたからこそ、強敵との関係には人一倍、気を配っていた。戦国の世は「田舎者」と見くびられるくらいが安全かも。

田舎者伝説で貴族をドン引きさせた木曾義仲

「都会っ子ランキング」で1位に輝いた源《みなもとの》頼朝《よりとも》とは対照的に「田舎者」だと『平家物語』でバカにされたのが、木曾義仲である。「源頼朝は立派であられるのに」と、頼朝の洗練された立ち居振る舞いと比較しながら、こんなふうにこき下ろされている。

「都を警護しているのに、立ち居振る舞いが無骨で、言葉遣いも乱暴すぎる」

ひどい言われようだが、義仲は2歳から30歳まで、信州《しんしゅう》木曾《きそ》の山奥に住んでいた。「どうして礼儀をわきまえていることがあろうか」（『平家物語』）と、仕方がない面があった。

藤原《ふじわらの》清隆《きよたか》の子である猫間《ねこま》中納言《ちゅうなごん》こと藤原光隆《みつたか》が訪ねたときのことだ。義仲は「猫が人と対面するのか」と笑い、家臣から「いえ、これは猫間の中納言と申す公卿でございます。猫間というのは、お屋敷のあるところの名でございましょう」と教えられるも、本人の目

の前で「猫殿」と連発している。

さらに、遠慮する相手にもお構いなしに食事を用意したかと思えば、バカでかい田舎椀にご飯を山盛りにして、惣菜3品と平茸汁をつけるという、田舎スタイルのおもてなし。箸をつけようとしない相手にもかまわず、バクバク食べたとか。

そのほかにも、牛車に乗る姿がめちゃくちゃだったが、怖くて誰も指摘できないなど、義仲の「田舎者伝説」は数知れず。勇猛さでは誰にも負けなかったが、貴族に支持されたのは、圧倒的に頼朝のほうであった。義仲みたいに飾らないリーダーも魅力的だけどね。

農民生まれで大実業家になった渋沢栄一

激動の明治期に500社以上の会社設立に携わり、「資本主義の父」と称される渋沢栄一。もともと商人だったわけではなく、現在の埼玉《さいたま》県深谷《ふかや》市の農家のもとに生まれた。一《ひとつ》橋慶喜《ばしよしのぶ》に任官して武士となり、明治維新後は大蔵省の官僚を経て、実業家に転身している。

渋沢は養蚕《ようさん》業の近代化も推進した。自身が幼い頃から家業の農家や藍玉《あいだま》製造、養蚕を手伝っていたことと無関係ではないだろう。また10代の頃には、藍玉農家をランキングづけして発表することで、生産者のモチベーションを上げたことも。農民の頃から、実業家としての才覚を発揮していた渋沢。生産者目線で日本経済の礎を築いた。

お酒強い

1位 若山牧水《わかやまぼくすい》

1885年～1928年。医師・若山立《わかやまりゅう》蔵《ぞう》の長男として宮崎《みやざき》県に生まれる。尾上柴舟《おのえさいしゅう》に師事し、学友らと雑誌『北斗』を発行。自然主義歌人として活躍し、歌壇に注目された。旅と酒の歌を多く残している。

2位 上杉謙信《うえすぎけんしん》

1530年～1578年。長尾為景《ながおためかげ》の4男として、越後国《えちごのくに》の春日山《かすがやま》城で生まれた。上杉憲政《うえすぎのりまさ》から上杉姓と関東管領職を譲られた。19歳で家督を継ぐと、21歳で越後を統一。武田信玄《たけだしんげん》や北条氏康《ほうじょううじやす》と争った。戦歴から「戦国最強」とも。

3位 山内容堂《やまうちようどう》

1827年～1872年。10代土佐《とさ》藩主・山内豊策《やまうちとよかず》の5男である豊著《とよあきら》を父に持つ。22歳で土佐藩15代藩主になると、開明派の吉田東《よしだとう》洋《よう》らを登用。藩政改革を断行した「幕末の四賢侯」の一人。酒と詩をこよなく愛した。

若山牧水は酒の飲みすぎで死体が腐らなかった

8月24日は「飲酒の日」とされている。歌人の若山牧水の誕生日だからだ。「酒仙の歌人」とも呼ばれた牧水は、実に1日1升もの酒を飲んだ。朝2合、昼2合、夜6合と律儀に、朝から晩まで飲み通した。そして、300首にもわたる酒の歌を残している。「酒と歌」では、自身の生涯をこう振り返った。

「今まで自分のして來たことで多少とも眼だつものは矢張り歌を作つて來た事だけの様である。いま一つ、出鱈目に酒を飲んで來た事」

酒を飲んではいけない状態であるほど、何としてでも飲もうとするのが、酒飲みというもの。牧水は肝硬変を患ってもなお、徳利を離さずに、こんな歌を詠っている。

「妻が眼を　盗みて飲める　酒なれば　惶《あわ》てて飲み噎《む》せ鼻ゆこぼしつ」

「足音を 忍ばせて行けば 台所に わが酒の罎《びん》は 立ちて待ちをる」

妻の目を盗んで、慌てて飲んで鼻に酒をこぼしてしまったり、足を忍ばせて台所にある酒の瓶を取りに行ったり……。なんとか家族の目をかいくぐって飲もうとする牧水の執念は涙ぐましいほど。飲みすぎによる肝硬変が一因となり、43歳で自宅にて逝去している。

すさまじいのは、残夏の盛りに死亡したにもかかわらず、死後しばらく経っても死体から腐臭がしなかったという伝説だ。「生きたままアルコール漬けになったのでは」と、医師が驚いたという。そんなバカなとは思うが、酒浸りだった牧水なら、あり得そうで怖い。

元祖飲酒運転!? 上杉謙信

「越後の虎」と恐れられた上杉謙信もまた、無類の酒好きであった。馬に乗りながらでも酒が飲めるように「馬上杯」というドンブリの盃を作らせるほどである。

『名将言行録』には、気が置けない親しい相手と杯を交わす、謙信の姿が紹介されている。「輝虎《てるとら》」とは謙信のことだ。

「輝虎は酒を好んで常に養子の景勝《かげかつ》・直江《なおえ》兼続《かねつぐ》・石坂検校《いしざかけんぎょう》などを相手に飲んだ。肴はなにもなく、いつも梅干しを肴にしていたという」

保存性に優れた梅干しは戦国時代に、疲労回復や腹痛止めの薬としても重宝されていたが、謙信は酒のつまみとして活用していたようだ。謙信の死因は脳卒中とされている。塩気の多い梅干しが、その遠因になったのかもしれない。

謙信は家臣思いで、いざ合戦となると、ワサビの黒煮、酢で洗った魚やクラゲの刺身、ゴボウや芋茎といった具材がたくさん入った汁など贅沢な食事を、家臣たちに振る舞った。そして、とりわけ功績を残した家臣には、ご褒美に「御前酒」として、酒を何杯も何杯もついだという。

謙信なりの気遣いに違いないが、現代ならば、「アルハラ」になりそう……。

クジラのごとく酒を飲んだ山内容堂

幕末における「四賢侯」の一人とされる、土佐藩主の山内豊信《やまうちとよしげ》（容堂）。吉田東洋《よしだとうよう》を見出して、藩財政の再建や海防強化など藩政改革を推し進めた。

だが、実際のところ苦労も多かった。藩内では、公武合体派と尊王攘夷派が対立。容堂が抜擢した吉田東洋は、尊皇攘夷派の土佐勤王党に暗殺されてしまう。容堂自身は公武合体派で、土佐勤王党を弾圧して消滅させるが、今度は幕府が応じてくれず、高まる倒幕の機運に逆らえずに、徳川慶喜《とくがわよしのぶ》に大政奉還を建白したとされている。

幕末の荒波にストレスも多かったのだろう。また、倒幕を果たしたあとも、明治新政府には重用されないといった不遇も堪えたに違いない。容堂は大酒飲みだった。クジラのごとく酒をのむ殿様だと、自ら「鯨海酔侯《げいかいすいこう》」と雅号したくらいである。

勝海舟《かつかいしゅう》から「龍馬《りょうま》の脱藩を許してほしい」と懇願されたときは、勝が飲めないと知っていて「まあ一杯飲め。飲まねばわしは答えん」と言ったとか（勝は見事に飲み干す！）。

46歳のときに脳溢血によって死亡。飲まずにいられなかった。

お酒弱い

1位 山本五十六《やまもといそろく》

1884年～1943年。長岡《ながおか》藩士・高《たか》野《の》貞吉《さだよし》の６男として生まれる。海軍大学校卒業後、航空本部長、海軍次官などの要職を歴任。対英米戦争に反対しながら、連合艦隊長官となり、ハワイ真珠湾《しんじゅわん》奇襲攻撃を指揮した。

2位 武市半平太《たけちはんぺいた》

1829年～1865年。土佐国吹井《とさのくにふけい》村に生まれた。尊王攘夷を掲げ、坂本龍馬《さかもとりょうま》、吉村虎太郎《よしむらとらたろう》、中《なか》岡慎太郎《おかしんたろう》らの同士を集めて、土佐勤王党を結成。その党首となった。200人余の参加者を集めるが、切腹に追い込まれて、37歳で死去。

3位 阿倍仲麻呂《あべのなかまろ》

698年～770年。19歳で唐の長《ちょう》安《あん》に留学。「科挙」に合格し、朝廷で官吏となる。日本に帰国せず73歳で没する。故郷を偲んだ「天の原ふりさけ見れば春日なる三笠の山に出でし月かも」は百人一首に選出された。

飲まない策士、山本五十六

「ああ酒、酒、酒、酒ゆえに生きても来たが、こんなにもなった。酒は悪魔か仏か、毒か薬か」

本書で「満員電車に耐えられなさそう」ランキングに入った歌人の種田《たねだ》山頭火《さんとうか》は、酒の恐ろしさについて『行乞記《ぎょうこつき》』でそんなふうに語っている。山頭火は無類の酒好きで、泥酔してはやらかしている。走ってくる電車の前で仁王立ちになり、大騒動になったことも。

そんな理性を狂わせる酒に見切りをつけたのが、海軍軍人の山本五十六である。

連合艦隊司令長官として。真珠湾《しんじゅわん》攻撃を指揮。戦時中の日本で「英雄」と呼ばれたが、若い頃は失敗もしている。下士の頃に酒を飲んで酔っぱらい、溝に落ちてしまったのだ。

自分は酒に弱いことを痛感したのだろう。それ以来、五十六はお酒を断っている。ただ、酒の席自体は好きで、逆立ちして盛り上げたり、手の平にお銚子の底を器用に貼りつけて、そのまま上司や同僚に酒をついだりしたとか。

ただ、出世すると、今度は部下から酒をつがれる立場になってしまう。そのたびに断るのも面倒だったのか、「一杯、おつぎします」と声をかけられると、「おう、おれはこれでやっている」と、水を入れた徳利を相手に渡し、それをつがせた。

この作戦の難点は「自分の徳利がわからなくなること」。だが、五十六はそこもちゃんと考えていた。ほかの徳利と区別がつくように、自分特製の「水入り徳利」には、輪ゴムを巻いていた。さすが策士。

2口で真っ赤になる武市半平太

「酒豪国・土佐《とさ》」とも言われるほど、老若男女問わずお酒好きが多い高知。「鯨海酔侯《げいかいすいこう》」と呼ばれて、クジラのごとく酒をのむ山内容堂《やまうちようどう》も土佐人である。

そんななか、武市半平太（武市《たけち》瑞山《ずいざん》）は土佐人でありながら、あまり酒が飲めなかった。猪口2口ほどで真っ赤になるほどだったという。

愛妻家で、マジメな性格でも知られる半平太は、親戚関係にあたる友人の坂本《さかもと》龍馬《りょうま》から「武市の窮屈」と呼ばれていた。半平太も負けじと、何かと大言壮語を吐く龍馬のことを「坂本のホラ」と反撃しているが、酒が飲めないこともまた「堅物だ」とイジられたことだろう。

長州藩の久坂玄瑞《くさかげんずい》の日記によると、文久2（1862）年11月12日、川崎宿随一の料理屋で、坂本龍馬、高杉晋作《たかすぎしんさく》、久坂玄瑞、武市半平太というメンバーが顔を合わせている。

この場では、玄瑞が晋作と準備していた異人館襲撃という攘夷計画に、龍馬と半平太を

巻きこもうとしたが、賛同を得られず、早々と解散。酒が弱い半平太は「早く終わってよかった」と安堵したかも。

阿倍仲麻呂は酔わされ閉じ込められて、憤死した?

「ようやく帰国できる」と、阿倍仲麻呂はほっとしたことだろう。

仲麻呂は19歳で留学生に選ばれて、717年に遣唐使に同行して唐に渡った。玄宗《げんそう》皇帝に気に入られて、高位の役人となった仲麻呂。あまりに優秀だったため、引き留められたらしい。30年ぶりに帰国が認められると、送別の宴でこんな歌を詠んだ。

「天の原　ふりさけ見れば　春日なる　三笠の山に　出でし月かも」（空に月が出ている。奈良《なら》・春日《かすが》の三笠山にかかる月と同じものなのだろう）。

ふるさとを思った名作として百人一首にも選ばれているが、仲麻呂が乗った船は難破してしまい、帰国は叶わなかった。唐で再び宮廷の要職に就き、唐で没することになる。

平安末期にはある伝説が広まる。その話によると、仲麻呂の才能に嫉妬した唐の大臣たちが、仲麻呂を酒に酔わせて、ぐでんぐでんにし、高楼《こうろう》に閉じ込めてしまう。怒りのあまりに、仲麻呂は死んで鬼と化したという。もし、仲麻呂が酒に強ければ、生まれていない伝説だろう。優秀で完璧な仲麻呂の弱点が、酒だったのかもしれない。

YouTuberになってそう

1位 平賀源内《ひらがげんない》

1728年～1780年。高松《たかまつ》藩生まれ。長崎《ながさき》へ行き蘭学・医学を修めた後、江戸へ。物産博覧会の開催で話題を呼ぶ。火浣布《かかんぷ》・寒暖計・エレキテルを模作、金山や鉱山の経営、陶器・毛織物の製作や著作活動など、マルチに活躍した。

2位 田沼意次《たぬまおきつぐ》

1719年～1788年。幕府旗本・田《た》沼意行《ぬまおきゆき》の長男として、江戸・本《ほん》郷弓《ごうゆみ》町で生まれる。第10代将軍徳川家治《とくがわいえはる》の側用人から老中となり、幕政の実権を掌握。積極的な経済政策を進めるも賄賂が横行。勢力を失って失脚する。

3位 宮武外骨《みやたけがいこつ》

1867年～1955年。讃岐《さぬき》の庄屋に生まれる。上京後『頓智協会雑誌』に帝国憲法のパロディを掲載し、不敬罪で入獄。以降は大坂《おおさか》で『滑稽新聞』『大阪滑稽新聞』など新聞や雑誌を次々と発行。過激な風刺で物議を醸した。

多彩なネタで飽きさせない「平賀源内チャンネル」

好奇心が旺盛で「おもしろそうだな」と思うことがあれば、いてもたってもいられなくなる性格だったようだ。「江戸の天才発明家」として知られる平賀源内である。

その博識ぶりから高松《たかまつ》藩藩主の松平《まつだいら》頼恭《よりたか》から一目置かれていたが、34歳のときに脱藩。退職願いに書いた理由は「わがままに自分のしたいことに専念するため」。ずいぶんストレートだが、偽らざる本音だった。

源内はそれまでに、海外文化が触れられる唯一の場所だった長崎《ながさき》に二度も赴き、オランダ語、医学、油絵などを学んだほか、鉱山の採掘や精錬の技術も身につけている。そして、28歳のときには江戸に赴き、本草学《ほんぞうがく》や漢学の学習に打ち込んだ。

そんな源内が晴れて独立すれば、エネルギーが爆発したことはいうまでもない。出品数１３００という最大規模の物産会を江戸で開催。浄瑠璃戯曲や絵画の制作にも取り組んだ。その多才ぶりから「和製ダ・ヴィンチ」として、源内は、その名を馳せた。

もし源内がユーチューバーになれば、企画が枯渇することはないだろう。

「エレキテルを修理したらとんでもないことになりました」

「誰でも簡単！　西洋画法を取り入れる方法」

「【これでは売れん】夏に売り上げ苦戦するウナギ屋にキャッチコピーを考えた結果」

様々なジャンルに精通した源内ならば、各分野で一流と呼ばれるプロたちと対談をしても見応えがあるだろうし、発明のノウハウを解説する動画も人気を呼ぶだろう。クリエイターの質問に答えるライブ配信だって観てみたい。

わくわくが止まらない「平源源内チャンネル」。大ブレイク間違いなしだ。

経済を多角的に分析する「田沼意次チャンネル」

江戸時代中期に活躍した田沼意次は、老中として第10代将軍の徳川家治《とくがわいえはる》を支えた。意次といえば、「ワイロ政治家」としてのイメージが強いが、経済を活性化させた改革者として、再評価されつつある。源内をバックアップしたのも、意次だといわれている。

意次は、業種や商品ごとに幅広く株仲間を公認。年貢《ねんぐ》率を上げるのではなく、商品の流通を活発化させたうえで、商人を対象にした税を強化した。

また、商品経済を活性化させれば、貨幣の流通量が増えていく。そのため、貨幣改革にも着手している。具体的には、当時は金貨・銀貨・銭貨のうち、銀貨だけは重さに応じて額が決まっており、取引のたびに計量する必要があった。江戸では金貨、大坂では主に銀貨が使用されて、レートも変動しており、なんともややこしい状況だった。

そこで意次は、新たな銀貨の発行に踏み切って「この銀貨8枚で小判一枚」とはっきりと表示。あらかじめレートを定めることで、取引の利便性を高めている。様々な経済改革にチャレンジした意次。ユーチューブでその意図を説明できる場があれば、反対派とも、より建設的な対話ができたかも。

権力者が震えそうな宮武外骨の「反権力チャンネル」

明治から昭和にかけて活躍した反骨のジャーナリスト、宮武外骨。大日本帝国憲法の発布をパロディにしたところ、大問題になったことから、外骨のアウトロー人生が始まる。不敬罪で逮捕投獄されるも、反省の色はない。外骨からすれば、憲法議論があれだけ行われながらも、いざ発布されると、お祝いムード一色になるほうが異常だった。その後も、外骨は「自分の違和感」を大切にし、反権力の姿勢を貫く。大阪で『滑稽新聞』を創刊すると、政治家や権力者を痛烈に風刺して、庶民の人気を博した。

生涯において、4度の入獄と29回にわたる罰金や発禁を経験した外骨。衆議院議員選挙に自ら立候補することで、選挙の欺瞞を暴いたこともある。

そんな外骨が現代にいれば、ユーチューブを活用して、既存のメディアが触れられない闇を、身体を張りながら、暴いてくれるに違いない。有料でも観たい人は多そうだ。

オタク

1位 伊能忠敬《いのうただたか》

1745年～1818年。上総国《かずさのくに》の九十九里《くじゅうくり》町で生まれる。17歳で伊能家当主となり、事業家として成功。50歳で隠居してから、高橋至時《たかはしよしとき》に天文学を学んだのち、17年かけて日本全国を測量。日本全図の完成に向けて指揮をとった。

2位 石田三成《いしだみつなり》

1560年～1600年。近江国坂田《おうみのくにさかた》郡の土豪、石田正継《いしだまさつぐ》の次男として生まれた。天下人となった豊《とよ》臣秀吉《とみひでよし》に重用され、検地など秀吉の天下統一事業で能力を発揮。1600年の関ヶ原《せきがはら》の戦いで徳《とく》川家康《がわいえやす》に敗北し、京都で処刑された。

3位 松尾芭蕉《まつおばしょう》

1644年～1694年。伊賀国《いがのくに》で豪族の次男として生まれる。藤堂《とうどう》良忠《よしただ》に仕えて俳諧を学ぶ。各地を旅して「不易流行」の思想や「わび・さび」などの蕉風を確立。多くの名句と『おくのほそ道』などの紀行文を残す。

伊能忠敬の本当の野望

江戸時代中期に、伊能忠敬は56歳で「歩き回って日本地図を完成させる」という途方もないプロジェクトに挑戦。17年間もかけて測量を行い、見事に悲願を達成している。

それまでの忠敬は、17歳で酒造業や金融業、運送業を営む伊能家の婿養子になって以来、当主として家業の拡大に力を尽くしてきた。50歳を手前にして、すべてを子どもに譲って隠居。好きなことに専念した結果、偉業を成し遂げることになった。

しかし、忠敬はこれまでの事業を手放してすぐに、地図作りに着手したわけではない。以前から好きだった「天文学」を学ぶために江戸へ。幕府天文方で19歳年下の高橋至時《たかはしよしとき》に入門すると、西洋暦学の理論を学び、やがて至時と議論をするほどに知識を高めた。さらに、数々の天体観測機器を自費で購入し、日夜観測を行うようになる。

そんな忠敬が、なぜ地図作りを行うようになったか。それはこんな理由からだった。

「地球の直径はどのくらいか、自分で調べてみたい」

すでに「地球は丸い」ことは知られていたが、地球の大きさについては未知だった。そのため、忠敬は南北の距離を測って、地球の大きさを計測しようと考えたのである。

天文オタクだった忠敬。「日本地図を完成させる」という偉業を成し遂げたが、それは

あくまでも宇宙を知るための手段に過ぎなかった。

鷹へのラブが止まらない石田三成

豊臣秀吉《とよとみひでよし》が病死するや否や、五大老の一人である徳川家康《とくがわいえやす》は、態度を一変させる。秀吉が作ったルールを無視し、土地の分配や大名同士の婚姻などを勝手に行い始めたのだ。

これに怒ったのが、五奉行の一人・石田三成である。我慢の限界だと、盟友の大谷吉継《おおたによしつぐ》に「挙兵して家康を討つ」と宣言。だが、吉継は友達だからこそ、はっきりと言った。

「お前は人望がないから止めておけ」

ガーン……。そう、頭脳明晰で実務には長けていたが、三成には人気がなかった。どんな人物だったのか。三成は上杉景勝《うえすぎかげかつ》に自分の鷹を献上すると、こんな手紙を書いた。

「こっそりとお伝えしましたが、私の秘蔵の鷹でございます。アオサギを捕獲する鷹ということで他所からいただいたものですが、雁にばかり興味を持ち、私のもとでアオサギをとることはありませんでした。この春、私のところではヒシクイを加えて雁を20羽ほどとりました。この鷹の技量については、今度の道中で山城守《やましろのかみ》殿（城州）が御覧になっているので、お尋ねください。《肉色当《ししあ》て》など細かい点は、この鷹師が把握しているので、そちらの鷹師から確認していただければと思います」

めっちゃ語るやん……。そう三成は「鷹オタク」だった。手紙にある「肉色当て」とは「鷹の胸の中央にある骨の両側に沿うように付着する肉の状態を調べること」だという。三成を中心とする官僚は「文治派」と呼ばれて、戦場で活躍する加藤《かとう》清正《きよまさ》ら「武断派」とは仲が悪かったらしい。三成のオタクぶりをみると、確かに相いれないかも……。

木曾義仲へのラブがとまらない松尾芭蕉

「夏草や　兵《つはもの》どもが　夢の跡」

そんな俳句で知られる江戸の俳人・松尾芭蕉だが、実はきっての「武将オタク」。冒頭の俳句も、意味は「夏草が生い茂っている、ここは、源《みなもとの》義経《よしつね》たち勇士が奮闘した、夢の跡なんだ」というもの。芭蕉は「源氏推し」で、なかでもお気に入りが、木曾《きそ》義仲《よしなか》だった（義仲については162ページ参照）。芭蕉といえば『おくのほそ道』だが、旅の終わりには、義仲が築城させた燧ケ《ひうちが》城《じょう》がある越前へと赴いている。越前では、義仲に思いを馳せてこんな句を詠んだ。

「義仲の　寝覚めの山か　月悲し」

ほかにも「木曾の情　雪や生えぬく　春の草」と詠むなど、義仲ラブが止まらない芭蕉。死後は本人の要望通りに、木曾義仲が眠る「義仲《ぎちゅう》寺《じ》」の墓の隣に埋葬された。

○○が汚い

1位 葛飾北斎《かつしかほくさい》

1760年〜1849年。江戸《えど》本所割《ほんじょわり》下水《げすい》生まれ。浮世絵界の巨匠・勝川春章《かつかわしゅんしょう》に入門。江戸時代後期における浮世絵師として森羅万象を描いた。世界的名画『富嶽三十六景』など、生涯で残した作品は約3万点といわれている。

2位 大隈重信《おおくましげのぶ》

1838年〜1922年。佐賀《さが》藩の武士の長男に生まれる。維新後には明治新政府に出仕。参議、大蔵卿、外相などを務めた。憲政党を結成し、日本初の政党内閣を組織した。2度にわたり総理大臣を務める。早稲田大学の創立者。

3位 宮本武蔵《みやもとむさし》

1584年〜1645年。播磨国《はりまのくに》の武術家の家に生まれ育つ。剣の修行のため、諸国を巡る。二刀流を編み出して「二天一流」と称した。真剣勝負で体得した剣術の極意を、晩年に『五輪書《ごりんのしょ》』として著している。

部屋が汚すぎて93回引っ越した葛飾北斎

江戸の浮世絵師・葛飾北斎は、国内のみならず、世界中のアーティストに影響を与えた。画家のゴッホは　葛飾北斎の代表作『富嶽三十六景』を絶賛。また作曲家のドビュッシーは交響詩『海』を作曲するにあたって、やはり『富嶽三十六景』から着想を得たという。もし、そんな北斎に「絵が上達するコツは何ですか？」と質問したならば、「ひたすら描くことだ」という答えが返ってきたに違いない。

13歳から貸本屋で本の挿絵を観て勉強をスタートさせ、彫刻家のもとで文字彫りなどを学んだのち、19歳で浮世絵へ転換。浮世絵界の巨匠・勝川《かつかわ》春章《しゅんしょう》に入門したが、一人の師に学ぶだけでは満足せず、狩野《かのう》派の画家のもとでも修業を積むことで、和漢洋の技法を広く取り入れている。木版画や狂歌絵本のほか、錦絵、肉筆画と、ありとあらゆる分野に挑戦しながら、世界一の画工となるべくひた走った。

ひたすら「よい絵を描きたい」とだけ願った北斎は、生活のあらゆる雑事に無頓着だったため、とにかく部屋が汚かったという。もう住めないほど汚くなれば、家ごと引っ越しをしたというから豪快である。生涯にわたって、北斎は実に93回も転居している。

北斎は二度ほど結婚したが、家庭生活がうまくいかなかったことは言うまでもない。そんななか、3女の葛飾応為《かつしかおうい》とは相性がよかったようだ。応為もまた浮世絵師として活躍し、夫と離婚後は、北斎と同居。親子で共同制作も行いながら、晩年の北斎を支えた。

ただ、北斎と気があうだけあって、娘の応為もまた細かいことにこだわらない豪快な性格だった。そして、やはり掃除は苦手だったようだ。

葛飾北斎の門人・露木為一《つゆきいいつ》は『北斎仮宅之図《ほくさいかりたくのず》』で二人の生活を描写。荒れ果てた室内のなかで、ひたすら絵に没頭する北斎と応為の姿が描かれている。ある意味、最強の親子タッグだ。「芸術第一」の揺るぎない生活スタイルを築いていた。

大隈重信は字が汚いので一切書かなかった

内閣総理大臣を二度も務め、早稲田大学の創設者としても知られる、大隈重信。死後に国民葬が行われると、約30万人が集まるほど、人気のある政治家だった。

51歳のときには、過激派に爆弾を投げつけられて、右足を切断する大怪我を負っている。これ以降、義足で過ごすことになったが、大隈はこう言ったという。

「私は犯人をけっしてうらんではいない。きっと彼も国の将来を憂いての行動だったのだろう。その勇気たるや感心するほかない。なにより、爆弾ごときでひるむような私ではない」

そんな不屈の魂を持つ大隈にも、あるコンプレックスがあった。それは「字を書くこと」。学生時代のクラスに字がうまい友人がいたため、大隈は「自分は字が汚い」と落ち込み、それ以降、文字を書くことを止めてしまったという。

一国の総理にもかかわらず、そんなことが可能なのかと思うが、大隈はいつも口頭で指示をして、誰かに文字を書かせていたという。字を書くのが苦手なだけで、文章力は高かったらしい。不思議と大隈に言われた通りに筆記すれば、立派な文章になったとか。

実際のところ、大隈が残した数少ない文字は、17歳ごろに寄せ書きした自作の漢詩と、明治《めいじ》天皇にあてた本籍移転を承諾する文書くらいだった。

「苦手なことを一切しない」というスタンスにはやや呆れてしまうが、案外にこの「強靭な意思」と「適材適所で周囲に頼る力」が、大隈を名宰相にしたのかもしれない。

宮本武蔵はお風呂に一生入らなかった

宮本武蔵は、戦国末期から江戸初期にかけて活躍。「天下無双の剣豪」として恐れられた。そんな武蔵の前に立ちはだかった強敵が「お風呂」である。「洗足行水を嫌ひて一生沐浴する事なし」(『渡辺《わたなべ》幸庵《こうあん》対話《たいわ》』)と伝えられるように、一切、入浴しなかったといわれる。

裸足で外を歩いたため、足が汚れたがいつも拭くだけで、衣服も汚れ放題だったとか。いろんな意味で相手を寄せつけない、剣豪・武蔵だった。

子煩悩

1位 大久保利通《おおくぼとしみち》

1830年～1878年。薩摩《さつま》藩の下級藩士の子として生まれる。西《さい》郷隆盛《ごうたかもり》らとともに、王政復古のクーデターを起こし、武力による幕府打倒の実現に奔走。明治政府では参議、大蔵卿を務め、版籍奉還や廃藩置県を推進。近代国家の礎を作った。

2位 平宗盛《たいらのむねもり》

1147年～1185年。平清盛《たいらのきよもり》の3男として生まれる。母は平時《たいらのとき》子《こ》。清盛亡き後に平家一門を率いて源氏と戦うが、源義経《みなもとのよしつね》の軍に一ノ谷《いちのたに》の戦いで敗れ、壇ノ《だんの》浦《うら》の戦いでも大敗。源氏に捕らえられて、近江篠原《おうみしのはら》で斬られた。

3位 森鷗外《もりおうがい》

1862年～1922年。現在の島根《しまね》県生まれ。東京大学医学部を卒業後、陸軍の軍医となる。衛生学研究のため、官費でドイツに留学。帰国後、軍医と文筆家の「二足の草鞋」で活躍した。代表作に『舞姫』『雁』『高瀬舟』など。

寸暇を惜しんで子どもと遊んだ大久保利通

立派なヒゲをたくわえて威風堂々とした雰囲気そのままに、かなり恐ろしい上司だったらしい。倒幕に尽力して、明治新政府で中心人物となった、大久保利通のことだ。内務卿となった大久保が地方官会議に顔を出すと、私語がピタリと止んだという。薩摩《さつま》の猛将ですら、大久保を目の前にすると、借りてきた猫のように大人しくなった。

まさに威厳が服を着て歩いていたような大久保だが、子煩悩な一面があった。

大久保が結婚したのは28歳のときで、妻の満寿子《ますこ》との間には、4男1女をもうけている。妻のほかに京都で芸妓の妾がおり、大久保は彼女との間にも4人の息子をもうけた。つまり、全部で8男1女である。3男の利武《としたけ》は、父について次のように語っている。

「叱られたという記憶がありません。子どもはたいへんかわいがったほうで、私どもは学校から帰ると、父が役所から帰ってくるのを楽しみに待っていたものです」

馬車の音がすれば子どもたちは「お父さんが帰ってきた！」と争うように玄関に急ぎ、寄ってたかって大久保の靴を脱がした。大久保はおもしろがってわざと靴紐を硬くしたり、緩くしたりして、子どもたちの反応を楽しんだというから、微笑ましい。

9人の子どものうち8人が男ということもあり、長女の芳子《よしこ》のことは、とくに可愛がったようだ。次男の伸顕《のぶあき》は、妹についてこう振り返っている。

「役所に出勤する前にも、もう10分か15分かで出なければならぬというのに、洋服をつけてから抱き上げて、書斎に連れて行って、キャッキャッと戯れていました」

激務のため、家族と食事をともにすることは難しかったが、毎週の土曜日だけは、家族とできるだけ会食をするようにしていたという。出勤前や帰宅後のわずかな時間でも、子どもと過ごすことを、大久保は重視していた。

平宗盛は戦場では臆病者だけど家庭ではいい父親

驕れるもの久しからず――。栄華を誇った平家がいよいよ源氏に滅ぼされるときがきた。壇ノ《だんの》浦《うら》の戦いで追い詰められた平氏の武将たちは、次々と海に飛び込んでいく。

そんななか「いや、ちょっと待って、無理！」とばかりに、海に飛び込むのを嫌がった、臆病者……それが、平清盛《きよもり》の3男にあたる平宗盛だ。

見かねた平家の武将たちに、強引に海へと投げ込まれた宗盛だったが、意外にも泳ぎはうまく、長男の平清宗《きよむね》とともに源氏に引き上げられて、捕虜としてとらえられている。

捕虜となった後もひたすら命乞いをしていたため、「臆病者」「それでも清盛の息子か」「情けない」と散々に言われていたらしい。

『平家物語』では、後白河《ごしらかわ》法皇が「兄の重盛《しげもり》とは比べものにならないほど劣っている」と口にするシーンが描かれている。『吉記《きっき》』『愚管抄《ぐかんしょう》』でも愚将として扱われがちだ。

だが、宗盛ならではの一面もあった。中世の公家や武士の場合は、子どもが生まれると、乳母夫婦に預けるのが、一般的だった。しかし、宗盛は次男が生まれると同時に妻を亡くし、その後は妻の遺言どおり、自らの手で育てている。戦場よりも家庭で輝く宗盛だった。

子どもへの愛が「名づけ」にもあふれている森鷗外

文豪として数々の名作を残しながら、陸軍の軍医としても活躍した森鷗外。家でも軍服姿で過ごすことが多かったという。大久保《おおくぼ》利通《としみち》と同様に威厳ある風貌だったが、子どもたちにとっては、優しいパパだったようだ。仕事から帰宅する父親を、駅まで迎えに行き、鷗外が電車から降りてくると、こぞって駆け寄って、父の手を奪いあったという。

そのときの心境を次女は、こう振り返っている。

「私はそうして父の腕にすがりつく瞬間、一日中の不安を、やっとなくすことができた」

鷗外は溺愛する子どもの名前に「海外でも活躍できるように」という願いを込めた。長男は於菟（おと＝オットー）、長女は茉莉（まり＝マリー）、次男は不律（ふりつ＝フリッツ）、次女は杏奴（あんぬ＝アンヌ）、3男は類（るい＝ルイ）……。これもまた愛。

コラム

怖すぎ！　世界「最凶」の暴君ランキング

とてもではないが「偉人」などと扱うわけにはいかないような、凶悪な「暴君」と呼ばれる歴史人物も存在する。トップ2をここで紹介しよう。

第2位は「雷帝」と恐れられたロシアのイヴァン4世である。当初はまともに統治していたが、息子と妻を病で亡くすとやけ酒を飲むようになり凶悪化。少しでも怪しい動きをした者は、女性や子どもでも容赦なく処刑。町全体を虐殺したこともあり、1カ月で6万人もの犠牲者を出した。

そして第1位は、カンボジアのポル・ポト。ロン・ノル政権を打倒すると、政治勢力「クメール・ルージュ」を率いるポル・ポトが首相に就任。旧役人や旧軍人、旧体制のときに活躍した踊り子や歌手なども処刑した。革命以前の医師や薬剤師もみな逮捕、あるいは殺害されて、、国民の医療に従事したのは「子供医師」「子供看護師」「子供薬剤師」であった。まともな医療も受けられないなか、虐殺、栄養失調、過労、病気……などにより、ポル・ポトが政権を握ってから、実に150万人ものカンボジアの国民が命を落とした。

第5章

ギャップに萌える

甘い物好き

1位 織田信長《おだのぶなが》

1534年～1582年。尾張国《おわりのくに》生まれ。桶狭間《おけはざま》の戦いで今川義元《いまがわよしもと》を討って尾張国を統一。足利義昭《あしかがよしあき》を擁して上洛するが、のちに義昭を追放し室町幕府を滅亡させる。天下統一を進めるも、本能《ほんのう》寺《じ》で明智光秀《あけちみつひで》の謀反に遭い自害。

2位 夏目漱石《なつめそうせき》

1867年～1916年。東京《とうきょう》生まれ。東京帝国大学卒業後、英語教師となる。ロンドン留学からの帰国後、『吾輩は猫である』で小説家デビュー。『坊っちゃん』『三四郎』『それから』『門』『こころ』などの名作を残す。

3位 吉田松陰《よしだしょういん》

1830年～1859年。長州《ちょうしゅう》藩の下級武士の家に生まれた。叔父の玉木文之進《たまきぶんのしん》から引き継いで26歳のときに私塾・松下村《しょうかそん》塾を主宰。後に幕末維新の中心人物となる高杉晋作《たかすぎしんさく》、久坂玄瑞《くさかげんずい》、伊藤《いとう》博文《ひろぶみ》、山県有朋《やまがたありとも》らを育成した。

織田信長は暴君ときどき飴を配るおばちゃん

戦国武将きっての革命児だった織田信長は、暴君として恐れられていた。
楯突く者は火あぶりにし、磔《はりつけ》の刑にしては、人々を震え上がらせた。また比叡山《ひえいざん》に火を放ち、3000人を焼き討ちにしたうえに、1600人を斬首。長島一向一揆《ながしまいっこういっき》にいたっては、2万人あまりの民衆を大量虐殺している。

敵対していた朝倉義景《あさくらよしかげ》・浅井久政《あざいひさまさ》や浅井長政《あざいながまさ》らを討ったときのことだ。彼らの首を斬ったばかりか、祝勝会の宴で「今宵は珍しき酒の肴がある」と、金箔を施した、3人の頭蓋骨を披露したという。

家臣たちが恐れおののくなか、豪快に「がははは」と、酒を食らう信長の姿を想像してしまう。だが、意外にも信長は下戸で、酒が飲めなかった。

また「下戸は甘党」とよく言われるように、信長もやはり甘い物が好きだったらしい。イエズス会の宣教師ルイス・フロイスから様々な品物が献上されたときも、信長をひときわ喜ばせたのは、南蛮菓子の「コンフェイトス」、つまり金平糖《こんぺいとう》だったという。

また、このときに「有平糖《あるへいとう》」という水飴と砂糖を煮詰めたお菓子も献上されたとか。金平糖とともに、甘い物好きの信長を魅了したことだろう。

信長は干し柿も好きで、家臣たちによく振る舞ったらしい。ルイス・フロイスにも配ったというから、よほどお気に入りだったのだろう。その姿は暴君とはかけ離れた、「飴を配るおばちゃん」そのものである。

最後まで裏切らなかった家臣たちは、信長の戦の強さだけではなく、そんな意外な一面にも惹かれて、戦乱の世で運命をともにしたのではないだろうか。

お菓子を妻に隠される夏目漱石

ダメだと言われると、余計に食べたくなってしまう。甘い物には、人の理性を狂わせる何かがあるらしい。

国民的作家として今でも『吾輩は猫である』『坊っちゃん』『こころ』などの名作が読み継がれている、夏目漱石。執筆の合間に、甘い物を求めて台所をウロウロする姿を、次男の夏目《なつめ》伸六《しんろく》が目撃している。

「午後の3時か4時頃になると、父が、きまって、のそのそと、書斎から顔を出し、茶の間の戸棚を、開けたり、閉めたりしながら、しきりと、甘い物を物色していた姿を、私は、今でも、よく覚えている」

しかし、いくら探してもお菓子はない。それもそのはずだ。漱石は胃が弱く、毎年1〜

2カ月は病に伏せるほど、状態が良くなかった。そのため、妻の鏡子《きょうこ》が先手を打って、お菓子を隠しておいたのである。

だが、諦めきれない漱石がいつまでもウロウロしていると、娘の愛子《あいこ》が「お菓子なら、ここにある、お父様」と隠し場所を教えてしまった。すると、途端に、漱石はご機嫌になり、愛子を「そうかそうか、愛子は、なかなか親切者だな」と褒めたという。

上機嫌の漱石はお菓子をパクついて、お茶を飲むと、書斎に去っていった……。甘い物は、漱石の執筆のルーティンに欠かせなかったようだ。

大福を食べては自分にがっかりした吉田松陰

食べたら食べたで罪悪感を抱いてしまうのもまた、甘い物の厄介なところだ。

幕末の世を生き抜く若者を育成するべく、吉田松陰は松下《しょうか》村《そん》塾で弟子を育成。自身も節制しながら、ストイックに学問に励んだ。

だが、大福もちだけは我慢できなかった。江戸の遊学中に大福をパクついては、几帳面に費用を記録に残しながら、その心情を綴っている。

「1カ月に6回も購入することもあり、誘惑に負けてしまい買い食いをしてしまった。記録を見返すと恥ずかしくがっかりする」。それくらいいいじゃないの、と励ましたい。

腕っぷしが強い

1位 桂小五郎《かつらこごろう》

1833年～1877年。幕末の長州《ちょうしゅう》藩に生まれ、吉田松陰《よしだしょういん》に師事。江戸で剣術、兵学を学び、明治維新のために奔走。維新後は木《き》戸《ど》孝允《たかよし》と改名し近代国家の樹立に貢献した。西郷隆盛《さいごうたかもり》、大久保《おおくぼ》利通《としみち》と並ぶ「維新の三傑」の一人。

2位 草野心平《くさのしんぺい》

1903年～1988年。5人兄弟の次男として福島《ふくしま》県に生まれる。中国に留学し、『帝都日日新聞』の記者として満州・中国に滞在『銅鑼《どら》』『歴程』などの詩誌で活躍。蛙を題材にした詩を多く作った。

3位 弁慶《べんけい》

生年不詳～1189年。平安時代末期の僧兵。京の五条大橋《ごじょうおおはし》で出会った源義経《みなもとのよしつね》に仕えて、その智謀と怪力で活躍したと伝えられている。奥州衣川《おうしゅうころもがわ》でも義経を守るため戦ったが、全身に矢を受け立ったまま絶命したとも。

黒田清隆をぐるぐる巻きにした桂小五郎

逃げの小五郎——。

そんなちょっとカッコ悪いあだ名で呼ばれているのが、長州《ちょうしゅう》藩士の桂小五郎である。明治維新後は「木戸《きど》孝允《たかよし》」の名で知られる人物だ。

あだ名の由来は、ズバリその逃げ足の速さにある。尊王攘夷を掲げて、京で活発に活動していた長州藩士は、幕府の取り締まりの対象であり、京の警察組織「新選組」からもターゲットにされていた。

新選組の存在が広く知られたのは、池田屋《いけだや》事件がきっかけとされる。会合を開いていた長州藩士のうち、７名が命を落として、23名が新選組に捕まることとなった。

実は小五郎も池田屋に足を運んでいたが、集合時間より早く着きすぎたため、いったんその場を離れた。すると、その間に新選組が襲撃。小五郎は見事に難を逃れている。

また、幕府の役人に取り囲まれたときは「小便に行かせてほしい」と言って油断させてから、トイレから脱出に成功。人気テレビ番組「逃走中」に出演すれば、生き残り間違いなしの逃げっぷりを見せた。

本書でいえば「逃げ足が速い」ランキングがふさわしいように思うかもしれない。だが、小五郎の本質は「逃げ」にあらず。小五郎は危険察知能力が高く、無駄な争いを避けるため、「逃げる」という選択肢を積極的にとっていたに過ぎない。実は剣の腕はかなりのもので、江戸で遊学したときは、斎藤《さいとう》道場の塾頭に抜擢されるほどだった。

小五郎の強さをイヤというほど知っているのが、黒田《くろだ》清隆《きよたか》である。黒田は明治時代に内閣総理大臣を務めるほどの政治家でありながら、とにかく酒癖が悪かった。

その頃には「木戸孝允」と名乗っていた小五郎。年始の挨拶に黒田がやってきたのはいいが、酒を飲みまくって泥酔。しまいには暴れ出したという。

木戸がいくらなだめても言うことを聞かないので、黒田を柔術で見事に押さえ込んで、両手で喉を締めると「どうだ、参ったか」とお仕置き。黒田も「参った参った、許せ」というほかなかったという。

しかし、懲りない黒田は、また別の宴会でも酒を飲んでは暴れ出した。列席者のなかに木戸を発見すると、黒田はとびかかって殴りつけたという。メチャクチャである。

だが、木戸は動じることなく、黒田をまたも押さえつけると、今度は毛布にくるんでひもでグルグル巻きにして「この荷物を送れ」と黒田邸に送り返している。

それ以来、黒田が酒を飲んで暴れても「木戸が来た」というとおとなしくなったとか。

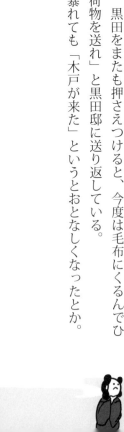

文壇きっての詩人ファイター草野心平

「蛙」をモチーフとした詩で知られる詩人の草野心平も、腕っぷしが強かった。酒好きが高じて「火の車」という居酒屋をオープンした心平。酔っ払い同士が喧嘩をし始めると、「その喧嘩、おれに買わせてくれ！」と店主自らが仲裁……するのではなく、客をぶっ飛ばしてしまうのが常だった。近年は、客が店に理不尽なクレームをつける「カスタマーハラスメント（カスハラ）」が問題視されている。心平の店はその心配はなさそう。

ヤバいノルマを自身に課した弁慶

五条大橋にまつわる伝説といえば、弁慶と牛若丸《うしわかまる》（源　義経《みなもとのよしつね》）の物語だろう。

腕っぷしが強く短気だった弁慶は、乱暴が過ぎて比叡山《ひえいざん》から追放されてしまう。以降も素行は改まることはなく、「通りすがりの人々から1000本の太刀を奪う」とヤバい目標を定めて邁進。順調に999本まで奪っている。ところが、残り1本のところで、身軽な義経に翻弄されて降参。義経の配下となったとされている。

弁慶の存在自体がフィクションだと思われがちだが、鎌倉幕府の正史『吾妻鏡《あづまかがみ》』に記録があり、実存していたのは確かそうだ。

逃げ足が速い

1位 坂本龍馬《さかもとりょうま》

1836年〜1867年。土佐《とさ》藩郷士の坂本八平直足《さかもとはちへいなおたり》の次男として、高知《こうち》城下に生まれた。27歳で脱藩して江戸へ。勝海舟《かつかいしゅう》の門下生となる。薩長同盟の実現に尽力し、大政奉還の実現に一役買ったとも。33歳で暗殺される。

2位 高野長英《たかのちょうえい》

1804年〜1850年。水沢《みずさわ》(現・岩手県)藩士の3男として生まれる。長崎でシーボルトに蘭学を学び、江戸で町医者を開業。渡《わた》辺崋山《なべかざん》らと尚歯会《しょうしかい》に参加。『夢物語』で幕政を批判すると「蛮《ばん》社《しゃ》の獄」で投獄される。脱獄するも捕縛され自殺。

3位 芥川龍之介《あくたがわりゅうのすけ》

1892年〜1927年。東京生まれ。東京帝国大学に進学。『鼻』が夏目漱石の激賞を受けた。『芋粥』『地獄変』『藪の中』『歯車』など古典から題材をとった作品を多く残した。死後に芥川賞が設けられた。

坂本龍馬は恋人を置いて敵前逃亡

「日本を今一度せんたくいたし申候」

姉への手紙でそんな決意を語りながら、坂本龍馬は生まれ育った土佐《とさ》藩から、27歳のときに脱藩。勝海舟《かつかいしゅう》と出会って世界の広さに気づかされると、勝に弟子入りして、航海術を学ぶ。のちに、長州《ちょうしゅう》藩と薩摩《さつま》藩が手を組む薩長同盟や、将軍が朝廷に政権を返上する大政奉還において、大きな役割を果たしたとされている。

日本史の人物のなかでも、人気ナンバー1といってもよい龍馬だが、逃げ足の速さにも定評があった。それも、逃げてはいけない場面で躊躇なく発揮しているのだ。

夏のある晩のこと。のちに妻となる「おりょう」という女性と連れ立って、涼みがてら、散歩に出ていると、向こうから新選組が5～6人でやってきた。

選りすぐりの剣客ぞろいだった新選組は、血気盛んな倒幕派の志士からも恐れられていた。薩摩と長州に通じている龍馬とわかれば、斬り合いになることは避けられない。

当時のことを、おりょうはこう振り返っている。

「夜だから、まさか相手も坂本龍馬だとはわからなかったでしょうが、浪人とみれば誰でも叩き斬るという奴らです。わざと私たちにぶつかって、喧嘩をしかけてきたのです」

こちらから仕かけないまでも、向こうから喧嘩を売られれば、買わないわけにはいかない。龍馬は刀を抜いて……と思いきや、おりょうを置いて、龍馬は逃亡してしまう。

残されたおりょうは「あなたたち、大きな声ですねえ」と、必死に平気を装ったという。

すると、新選組は「どこへ逃げたか！」と怒りながら、龍馬を探しに行ってしまった。

はたして龍馬はどこに行ったかと思えば、町の角に立って、おりょうを待っていた。おりょうは怒って、龍馬にこう苦言を呈した。

「あなた、私を置き去りにして。あんまり水臭いじゃありませんか」

すると龍馬は悪びれることもなく、こんなことを言った。

「いや、そういうわけじゃないが、奴らに引っかかると、どうせ刀を抜かないわけにはいかないから、それが面倒で隠れたのだ」

なんだか逃げたクセにカッコいいことを言っている。さらに龍馬は「お前もこれくらいのことは、平生から心得て居るだろう」と、なぜか上から目線で、おりょうを諭した。剣術の腕については強いのか弱いのか、よくわからない龍馬だが、逃げるのは得意だった。

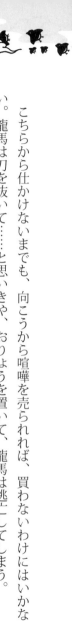

高野長英は顔を自ら焼いて幕府から逃亡

江戸幕府の鎖国政策を批判したとして、高野長英や渡辺崋《わたなべか》山《ざん》らの蘭学者が、捕らえられたのは、1839年のことだ。のちに「蛮社《ばんしゃ》の獄」と呼ばれる言論弾圧事件である。日光もささず、風も通らない牢屋のなかで、長英は医者として病に伏せる囚人たちを治療して、5年もの月日を過ごすが、やがて脱獄を決意。牢役人の栄蔵《えいぞう》を仲間にして、放火させると、見事に脱獄に成功する。あるときは江戸《えど》に潜伏し、またあるときは、地方の同志を頼ってかくまってもらい、仙台《せんだい》、宇和島、広島と逃亡生活を続けた。

やがて逃げる場所が無くなると、長英は出発点である江戸へと戻る。医師の「沢三伯《さわさんぱく》」として過ごすも、幕府に逮捕されてしまう。

江戸に戻るとき、長英は自分の顔に硝酸をかけ、人相を変えている。そうまでして逃げたのは、蘭学者としてやりたいことがあったからだ。長英の正体がバレたのは、医師をしながら出版した翻訳本の訳があまりに見事だったから、とも言われている。

芥川龍之介、関東大震災で妻子を置いて一目散に避難

関東大震災が起きたときのことだ。家で執筆していた芥川龍之介は、ぐらりときたら、すぐに外へと飛び出した。家にまだいる妻子を置いて……。2階にいた赤ん坊を救出しようともせずに、一人だけ逃げた芥川。当然、妻に責められると、「人間最後になると自分のことしか考えないものだ」とクールな一言。いやまあ、そうかもしれないけどさあ。

疑り深いネクラ

1位 徳川吉宗《とくがわよしむね》

1684年～1751年。紀州《きしゅう》藩2代藩主・徳川光貞《とくがわみつさだ》の４男として生まれる。22歳で第5代紀州藩主となり、32歳で江戸幕府第8代将軍に就く。幕府再建のため倹約の推奨や新田の開発、目安箱《めやすばこ》の設置など「享保《きょうほう》の改革」を行った。

2位 豊臣秀吉《とよとみひでよし》

1537年～1598年。尾張国愛知《おわりのくにあいち》郡中村《なかむら》生まれ。織田信長《おだのぶなが》の家臣として頭角を現す。山崎《やまざき》の戦いで明智光秀《あけちみつひで》を破ったのち、天下統一を達成。関白、太政大臣となった。貨幣統一、兵農分離、太閤検地などの施策を行う。

3位 足利義教《あしかがよしのり》

1394年～1441年。3代将軍・足《あし》利義満《かがよしみつ》の３男として生まれる。14歳で僧侶となるも、兄・義持《よしもち》の死後、クジで後継者に選ばれて還俗。室町幕府第6代将軍となった。鎌倉公方・足利持氏《もちうじ》を滅ぼし、後年は恐怖政治を敷く。

徳川吉宗は自分の評価が気になりすぎてスパイを放った

第8代将軍の徳川吉宗は、徳川15代将軍のなかでも人気の高い将軍だ。主人公となった時代劇ドラマ『暴れん坊将軍』のイメージもあってか、吉宗はこんなイメージを持たれやすい。

「しがらみにとらわれずに、改革を断行した庶民の味方」

だが、実際の吉宗は、割とジメジメとした性格だった。様々な改革を行う際にも根回しは慎重に行い、かつ、いつも民衆の評判を気にしていた。

自分の悪い噂を立てられないようにと、吉宗が新設したのが「御庭番《おにわばん》」という役職である。表向きの任務は「庭の番人」だが、実質はスパイそのもの。吉宗は、御庭番に大名家の内情を探らせたり、町人に変装させて自分が行った政策の評判を調べさせたりした。

もともと吉宗は紀州《きしゅう》藩主として12年間にわたって治世を行っている。そんな実績もあって将軍になることができたが、疑り深い吉宗は、紀州藩主の頃に築いた人脈を重視した。

将軍に就くや否や、「御側御用取次《おそばごようとりつぎ》」というポストを作り、紀州藩政を支えた有馬氏倫《ありまうじのり》と加納久通《かのうひさみち》らを重用。表向きは「将軍と老中の間を取り持つ」のがその役割だったが、実質的には将軍の相談役で、人事にも介入している。

「御側御用取次」と同様に新設された「御庭番」はスパイ活動を行うだけあって、やはり信頼できる紀州藩の人材を活用した。御庭番に任命されたのは、吉宗の生母、浄円院《じょうえんいん》（お由利《ゆり》の方）にしたがって紀州から江戸に出てきた17人であり、吉宗は彼らを桜田《さくらだ》の御用屋敷内に住まわせている。

「でも吉宗は、目安箱《めやすばこ》を使って庶民の声に耳を傾けた、優しい将軍なのでは？」

そんなふうに思う読者もいるかもしれないが、目安箱は実のところ、吉宗自身にもメリットが大きかった。江戸城内に権力基盤をもたない吉宗にとっては、町人や百姓などからの直接的な訴えは、改革を推し進めるうえで、重要な材料となるからだ。

目安箱に寄せられた情報で詳しく知りたい内容があれば、吉宗が御側御用取次を通して、御庭番に命じ、情報の真意を探る。そんなネットワークが構築されていた。

目安箱の設置により、自分だけにタレコミが集まる仕組みをつくった吉宗。情報を握りつぶすも、活用するのも自分次第という状況を作り上げた。情報統制の達人である。

猜疑心から家族・親戚も殺しまくった豊臣秀吉

豊臣秀吉は織田信長《おだのぶなが》に見出されて、足軽の身から天下人まで上り詰めた。小柄な秀吉は武勇ではなく知恵で、己の人生を切り拓いていく。敵を寝返らせる調略が得意で、「人た

らし」と評されるほど人懐っこい性格だったという。

だが、権力者になるに連れて、猜疑心は深まるばかりだったようだ。弟の秀長《ひでなが》を右腕として信頼する一方で、知られざる兄弟姉妹が突然、現れたときには、厄介な存在になると考えたのだろう。捕縛して容赦なく斬首している。

また甥の秀次《ひでつぐ》に対しては、一時期は後継者として関白の座を譲りながらも、自分と茶々《ちゃちゃ》との間に予想外の子ができると、秀吉の態度は一転。「謀反の疑いあり」と秀次に切腹を命じたうえに妻子、侍女や乳母まで40名近くを処刑した。猜疑心の塊のような秀吉だった。

暴君すぎて殺された足利義教

室町幕府の6代将軍・足利義教は、前の将軍の義持《よしもち》が後継者を指名しなかったため、くじ引きによって次期将軍として選ばれた。「くじ引き将軍」という負い目が、もともと強かった猜疑心をさらに強めたらしい。自分の権力を見せつけるかのように、気に食わない公家や武家を次々と左遷。笑顔であいさつした公家に「小ばかにしたな」と蟄居《ちっきょ》の処分を下したこともあれば、「梅の枝が折れている！」と運んできた家臣二人を切腹させたこともある。延暦寺《えんりゃくじ》と対立して、4人の僧を斬首したことも。その暴君ぶりに、ついた呼び名は「万人恐怖の独裁者」。追い詰められた家臣が暗殺を実行し、恐怖政治に終止符が打たれた。

ギャップがすごい

1位 松平定信《まつだいらさだのぶ》

1759年〜1829年。田安宗武《たやすむねたけ》の7男として江戸に生まれる。8代将軍・徳川吉宗《とくがわよしむね》の孫にあたる。白河《しらかわ》藩主・松平定邦《まつだいらさだくに》の養子となり、家督を継ぐ。1787年に老中首座になると、幕政を担い、寛政の改革を断行した。

2位 井伊直弼《いいなおすけ》

1815年〜1860年。彦根《ひこね》藩主・井《い》伊直中《いなおなか》の14男として、彦根城内で生まれた。3男直亮の養子という形で彦根藩主となる。その後、大老となり、日米修好通商条約の調印を断行。反対派を弾圧して「安政の大獄」を起こす。

3位 松永久秀《まつながひさひで》

1508年〜1577年。出生地は謎。初めは三好長慶《みよしながよし》に仕えたが、奈《な》良《ら》に多聞《たもん》城を築いて主家を滅ぼし、将軍の足利義輝《あしかがよしてる》を殺害。東大寺大仏殿を焼く。織田信長《おだのぶなが》の入京に際して降伏したが、のちに背いて敗死する。

マジメすぎる松平定信が愛読した愛の物語

江戸幕府が行った三大改革の一つが「寛政の改革」だ。行ったのは老中の松平定信で、8代将軍・徳川吉宗の孫にあたる。吉宗は「享保の改革」を行ったことで知られるが、定信の改革も基本路線は同じ。緊縮財政と風紀取締りで、幕府を立て直そうとした。

ただし、定信の倹約令はあまりに厳しかった。高級な菓子や子どものおもちゃ、障子の張替えなども、ぜいたくとして規制している。女性が髪を結うことまで禁じたという。

その厳格さには、任命した将軍の徳川家斉《とくがわいえなり》さえ閉口した。定信は、将軍の家斉が父を大御所として江戸城に入れようとすると、それを拒否。また、家斉がとにかくあちこちで側室を妊娠させるので、定信は将軍が子づくりをする回数まで制限しようとした。

もともと、元老中・田沼意次《たぬまおきつぐ》のワイロ政治から脱却するべく着任した定信だったが、民衆からすれば、「これならば田沼のほうがよかった」とこんな歌が流行した。

「白河の清きに魚も住みかねてもとの濁りの田沼恋ひしき」

各方面から嫌われた定信は、老中辞任へと追い込まれていくことになった。

頭が固すぎた定信だが、意外にも愛読書は『源氏物語』だった。全54帖にもおよぶ長編にもかかわらず、定信は全文を読破しただけではなく、7回も書き写したというから、尋常ではない。しかも、なぜかものすごく小さな文字で書き写しており、61歳のときに作った写本は、老眼の人ならばとても読めない豆本となっている。

出版物も厳しく弾圧した定信だが「推しの一冊」は特別だったのだろうか。もしかしたら『源氏物語』が好きすぎて「ほかの本はダメ！」となったのかも……。

弾圧を行った独裁者・井伊直弼の素顔

大老の井伊直弼は、外国と勝手に条約を結んだうえに、それが問題になると「安政の大獄」で反対派の弾圧を行った。写真をみても強面《こわもて》の風貌だが、実は一流の茶人でもあった。強硬な政治姿勢と、穏やかな茶の世界は相いれないようにも思うが、直弼の生い立ちを振り返ると、幕府の老中として強権を振るうほうが、よほど予想外の展開だった。

直弼は、近江国《おうみのくに》彦根《ひこね》藩の第14代藩主の井伊《いい》直中《なおなか》の14男として彦根城で生まれた。長男以外は他の家に養子に行くか、もしくは、家臣になって養われるかのいずれかの道に進む必要があったが、直弼はなかなか養子にとってもらえなかった。江戸に出てもなんの収穫も得られず、直弼は家にひきこもる。自分が住む狭い屋敷のことを「埋木舎《うもれぎのや》」と名づけて、こんな歌を詠んだ。

「ただ土に埋もれた木のように、こもって自分のなすべきことをすればよいのだ」

「なすべきこと」とは、学問に励み、人格を磨いていくこと。直弼は、江戸にいた短い期間をのぞいて、実に17歳から32歳までの15年間を、この埋木舎でひたすら自分を磨いた。禅や剣技の修行に励み、国学や和歌を研究。そして、茶の世界にも傾倒し、屋敷に茶室をしつらえて、茶人としての修行も重ねていた。

その後、兄の死などによって、直弼は35歳で第16代彦根藩主に就任。幕政にもかかわるようになり、やがて幕府の大老に就任することになる。

政治家として多忙を極めながらも、茶への情熱は失わず、茶の湯研究の集大成である『茶湯《ちゃのゆ》一会《いちえ》集《しゅう》』を完成させた。激動の幕末でなければ、違う人生があったに違いない。

日本史上の悪人・松永久秀の意外な特技

「この老人は、常人にはできない、天下の大罪を3つも犯した」

あの織田《おだ》信長《のぶなが》をもってして、そうドン引きさせたのが、松永久秀である。主君である三《み》好長慶《よしながよし》を死に追いやったうえに、第13代将軍の足利義輝《あしかがよしてる》を殺害。大仏殿を焼失させた。「日本史上の悪人」とも呼ばれるが、実は「城作りの名人」でもあった。久秀が築城した多聞山《たもんやま》城は、石垣づくりで瓦葺きの天守を持ち、豪壮な城郭を整備。以降の城作りに大きな影響を与えた。散々暴れ回りながら、城にもこだわるバイタリティがすごい。

おしゃれ

1位 白洲次郎《しらすじろう》

1902年〜1985年。兵庫《ひょうご》県芦屋《あしや》の実業家の次男として生まれる。イギリスのケンブリッジ大学に留学。英字新聞記者や戦時下では農業に従事したのち、首相の吉田茂《よしだしげる》に請われ終戦連絡中央事務局参与になる。日本国憲法成立に関与した。

2位 大山捨松《おおやますてまつ》

1860年〜1919年。会津《あいづ》藩の家老職の山川《やまかわ》家に末娘として生まれる。日本初の女子留学生として津田梅子《つだうめこ》らと渡米。帰国後は陸軍卿の大山巌《おおやまいわお》と結婚。鹿鳴館《ろくめいかん》における社交界の中心として活躍し、女子英学塾の設立や運営に尽力した。

3位 加藤清正《かとうきよまさ》

1562年〜1611年。刀鍛冶・加藤《かとう》清忠《きよただ》の子として尾張国愛知《おわりのくにあいち》郡中《なか》村《むら》に生まれる。幼少期より豊臣《とよとみ》秀吉《ひでよし》に仕えて、多くの武功を立てた。「賤ヶ岳《しずがたけ》の七本槍」の一人に数えられる猛将。熊本《くまもと》城を築き「築城の名手」としての顔も。

日本人でジーンズを初めてはいた白洲次郎

ジーンズが最も似合う芸能人は誰か――。日本ジーンズ協議会が毎年、一般選出部門、協議会選出部門、次世代部門の3部門で「ベストジーニスト」の賞を授与している。もし、偉人部門があれば、白洲次郎は殿堂入りしているに違いない。なにしろ、次郎は「日本で最初にジーパンをはいた」とも言われている。一体、何者なのか。

兵庫《ひょうご》県で実業家の次男として、１９０２年、和暦にして明治35年に生まれた次郎は、神戸一中を卒業後、ケンブリッジ大学に留学。17歳から26歳までイギリスで過ごした。帰国後は、英字新聞記者を経て商社に勤務するが、次郎は太平洋戦争で日本は負けると予見。食糧難になることを見越して、１９４３年から百姓として過ごす。

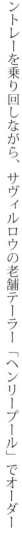

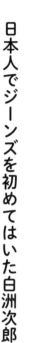

そんな次郎を見出したのが、内閣総理大臣の吉田《よしだ》茂《しげる》だ。吉田は次郎の海外経験の豊かさを評価し、アメリカとの橋渡しをする重要な役割を与えている。次郎はその期待に応えて、終戦連絡中央事務局参与として、日本国憲法の成立などにも関与した。

語学力とともに注目されたのが、次郎のファッションだ。海外留学の経験をもつ父の影響を受けて、アメリカ人のように暮らしていた次郎は、イギリスに留学すると、高級車ベントレーを乗り回しながら、サヴィルロウの老舗テーラー「ヘンリープール」でオーダースーツを作り、見事に着こなしていた。

大人になってからも洗練されたファッションは変わらず、サンフランシスコ講和会議では、スリーピーススーツに黒のソフト帽で空港に現れた。そうかと思えば、機内でジーンズとTシャツに着替えて、全権委員の大役に緊張する池田《いけだ》勇人《はやと》をリラックスさせた。

ジーズンをはいた日本人の写真としては、1951年に撮られた次郎のジーンズ姿が、最も古いとされている。ジーンズを「若者の象徴」としてファッションに取り入れたのは名優のジェームス・ディーンだが、彼が映画界に現れるよりも前に、次郎はジーンズを着こなしていた。現代によみがえれば、次郎はどんな格好をするのか、見てみたいものだ。

「鹿鳴館の花」として輝いた大山捨松

白洲次郎の生涯を観ると、早くからの海外経験がのちのちいかに大きな影響を与えるかがわかる。時代はさかのぼって激動の明治期に、日本初の女子留学生として、11歳で渡米したのが、大山捨松だ。7歳の津田《つだ》梅子《うめこ》とともに日本を出発している。

留学生活は11年にもおよび、22歳で帰国。捨松は陸軍卿の大山《おおやま》巌《いわお》と結婚。華々しく社交界デビューを果たした。

当時の日本は、不平等条約の解消をめざして、日本も欧米並みの文化を持つ国であることを、アピールする必要があった。そのため、外国人を接待するための鹿鳴館《ろくめいかん》を建設。毎晩のように晩餐会や舞踏会が開かれた。

華族や政府高官、名士などは妻や娘を同伴し、慣れないダンスを踊ったが、欧米人からみれば滑稽だったらしい。フランスの海軍士官で作家のピエール・ロチはこう書いている。

「少しも個性的な自発性がなく、ただ自動人形のように踊るだけだという感じがする」

そんななか、捨松の洗練された会話や、日本人離れしたプロポーションは話題を呼び、「鹿鳴館の花」として注目された。

見慣れない南蛮服を着こなした加藤清正

勇猛な武将として豊臣秀吉《とよとみひでよし》に仕えた加藤清正は、武骨なイメージばかりが強いが、実は海外文化への関心が高く、海外貿易にも情熱を燃やした。

そんな清正が着用したのが、南蛮服だ。南蛮服といえば、バルーンのように膨らんだズボンが頭に浮かぶが、清正がまとった服は違った。『清正公の南蛮服』（伊藤なお枝著、花乱社）によると、渋いグレーで縦じまが入り、ウエストで切り替える、裾広がりのデザインを施した、１枚シャツのような機能的なもの。１９０センチと長身の清正にはよく似合いそうだ。

すぐ炎上しそう

1位　徳冨蘆花《とくとみろか》

1868年～1927年。豪農の３男として生まれる。同志社英学校を中退後、兄・徳富蘇峰《とくとみそほう》の経営する民友社へ。ベストセラーとなった『不如帰《ほととぎす》』のほか『自然と人生』『思出の記』などで小説家としての地位を確立した。

2位　吉田茂《よしだしげる》

1878年～1967年。東京《とうきょう》生まれ。東京帝国大学法科大学卒業後、外務省に入省。戦時中に和平工作を進めて逮捕されたが、戦後は外務大臣を経て内閣総理大臣に就任。ＧＨＱと渡り合う。サンフランシスコ講話条約に調印。

3位　石川啄木《いしかわたくぼく》

1886 年～1912 年。岩手《いわて》県生まれ。盛岡《もりおか》中学校を自主退学して上京。帰郷し、第一詩集『あこがれ』を刊行。代用教員、新聞記者などを経て、1910 年に第一歌集『一握《いちあく》の砂』を出版。26 歳の若さで肺結核により死去。

「善人」と「悪人」をノートで分類していた徳冨蘆花

ＳＮＳで炎上するパターンはいくつかあるが、そのうちの一つが「別アカ」の流出だろう。つまり、表向きには言えないことを、もう一つのアカウントを作って憂さ晴らしに発信していたところ、正体がバレてしまい、大騒ぎになってしまうというケースだ。

そういうリスクでいえば、小説家の徳冨蘆花は、ちょっと危ない香りがしてしまう。

徳冨蘆花は、『不如帰』や『みゝずのたはこと』などを代表作に持つ、明治の文豪だ。兄は日本近代の言論界を代表するジャーナリスト、徳富蘇峰《とくとみそほう》である。

兄と同じく同志社英学校に進んだ蘆花だったが、中退して熊本《くまもと》へ。実は兄の蘇峰も先んじて同志社を中退して、大江《おおえ》義塾を開校していたので、蘆花もその塾で兄から学ぶことになる。その後、兄の蘇峰が上京して民友社を設立。『国民之友』を創刊すると、蘆花は記者として筆を振るった。

運命を共にした二人だったが、やがて思想の違いから決裂。日清戦争後から、国家主義的な考え方を持った蘇峰に対して、蘆花はリベラルな思想を持ち、人道主義を貫いた。

絶縁状態となった二人だが、蘆花は病死の直前に兄と会い、和解に至る。蘆花が昭和2年に60歳で亡くなると、蘇峰はこんな弔辞を読んだ。

「弟は天才でありましたが、同時に弱虫、泣虫、怒虫、偏屈虫でありまして一寸手が当りませんでした」

続けて兄が明らかにしたのが、弟の蘆花が好きな人を「善人帳」、嫌いな人を「悪人帳」に記していたことである。

「恐らくは此の善人帳悪人帳の気分は、彼の死に至るまで残つて居ただらう」

もちろん、自分以外に読ませるつもりはない代物だろうが、兄が存在を知っている時点で、流出のリスクは高い。もし、悪人帳の内容が外に出れば、炎上は待ったなしだ。

兄曰く「非常な内気者」だったという蘆花。ＳＮＳがない時代だったからこそ、炎上することもなく、日常のモヤモヤを創作のエネルギーに変えられたのかもしれない。

吉田茂の小声のバカヤローで解散した議会

たった一言の失言でも、とんでもない物議を醸してしまうのが、ＳＮＳの怖いところ。ＧＨＱのマッカーサーと渡り合い、戦後の日本を復興へと導いた元首相の吉田茂も、情報発信をするならば、プロに任せたほうが良さそうだ。語り草になっているのが、１９５３年の「バカヤロー解散」だ。大声で叫んだように誤解されがちだが、実際は違う。

質疑応答で社会党右派の西村《にしむら》栄一《えいいち》議員と言い合いになり、吉田が「無礼じゃないか！」

と言えば、西村も「何が無礼だ、答弁もできないのか君は……」と言い返す。

答弁の後、自席に戻る際に小声で「バカヤロー……」と言ったのが、マイクに拾われてしまい、「バカヤローとは何事だ！」と大騒ぎとなる。

解散後の総選挙では大敗を喫して、第5次吉田内閣へ。「つぶやき」は災いのもとだ。

石川啄木のどうしようもない日記、後世に公開されてしまう

「はたらけど　はたらけど　なお我が暮らし楽にならざり　ぢつと手を見る」

石川啄木の有名な句だが、どうも自業自得のようだ。家族と離れて東京の新聞社で働くも、ある朝などは会社に行きたがらずに、「社に行こうか、行くまいかという、たった一つの問題をもてあました。行こうか？　行きたくない」と自問自答。すでに仮病で5日も休んでいたため、このときは嫌々出勤している。啄木は働かない割には、給料を前借りし、それでも足りずに親友に借金をしまくっていた。妻や母には一切仕送りをしていない。

啄木の悪行がこれほど白日のもとに晒されているのは、自身で日記を残しているからだ。妻に読まれないようにローマ字で書いたものの、後世でしっかり解読されて、岩波から『ローマ字日記』として出版されてしまっている。自分の結婚式をすっぽかすなど「炎上」する要素しかない啄木。ネットがない時代でよかった。

記憶力がいい

1位 南方熊楠《みなかたくまぐす》

1867年～1941年。和歌山《わかやま》県生まれ。アメリカに留学して独学で細菌の研究などを行ったのち、大英博物館で図書目録編纂係として働く。帰国後も菌類の採集・調査に専心。昭和天皇に、粘菌標本を進献して話題に。

2位 稗田阿礼《ひえだのあれ》

生没年不詳。諸家に伝わる『帝《てい》紀《き》』や『旧辞《くじ》』を整理しようとした天武《てんむ》天皇に命じられて、それらを読んで暗記。覚えた内容が、元明《げんめい》天皇の命を受けた太安《おおのやす》万侶《まろ》により筆録され、日本最古の歴史書『古事記』が誕生した。

3位 小林一三《こばやしいちぞう》

1873年～1957年。山梨《やまなし》県韮崎《にらさき》の豪農に生まれた。慶應義塾を卒業。三井銀行を34歳で退職し、箕面有馬電気軌道《みのおありまでんききどう》を創立。沿線の宅地開発や、ターミナル・デパートの開店など私鉄経営のビジネスモデルを築く。

「忘れるコツ」まで考えた南方熊楠

南方熊楠は、博物学や民俗学の分野における近代日本のパイオニア的存在だ。まさに「博覧強記」という言葉が、ぴったりで、幼少期から天才的な記憶力を発揮している。８歳頃から古本屋や書物を持つ家を訪ねては本から文章を書き写し、それを繰り返し読んでいた。

百科事典『和漢三才図会《わかんさんさいずえ》』（１０５巻）も5年かけてすべて書き写して、読破している。さらに『本草綱目《ほんぞうこうもく》』『大和本草《やまとほんぞう》』など和漢の一流の博物書を読んで、15歳頃までに写し終えてしまったという。

研究活動に入ってからも、過去に調べたことのある文献ならば、すぐに該当ページを開いて、こう言って喜ぶのが常だった。

「このページにあると思ったら、やっぱりあった」

「歩くエンサイクロペディア（百科事典）」とも称された熊楠だが、一つだけ悩みがあった。それは「間違えて覚えてしまったときに、どうやって忘れるのか」ということ。

記憶力がよすぎるがゆえに、すぐに脳に定着してしまい、忘れ去ることが難しいのだという。しかし、そこは天才・熊楠。忘れ去る方法についても、自身で編み出している。娘

にこんなふうに説明した。

「忘れるためには奥歯をギュッと噛み締めてひとつひとつ消すんだ」

記憶力がよすぎてお困りの方は、ぜひお試しあれ……。

一度聞けばすべて覚える稗田阿礼

飛鳥時代から奈良時代にかけて生きた、稗田阿礼は「記憶力がよすぎる！」と周囲を驚かせて、思わぬ大役を任されることになる。

そのきっかけは、天武《てんむ》天皇が新たな書を編纂するにあたって、天皇代々の継承と諸豪族の家伝を、声に出せる形で覚えるように、阿礼に命じたことにある。このとき、阿礼は28歳で下級役人に過ぎなかったが、阿礼の評判を聞いてミッションを課したのだろう。阿礼は、生まれつき聡明で、難解な文もみればすぐに音読し、1度聞けば2度と忘れなかった。

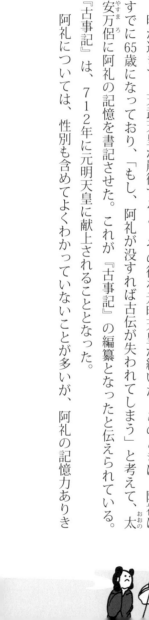

時が過ぎて、天武天皇が崩御すると、その後を元明《げんめい》天皇が継いだ。このときに、阿礼はすでに65歳になっており、「もし、阿礼が没すれば古伝が失われてしまう」と考えて、太《おおの》安万侶《やすまろ》に阿礼の記憶を書記させた。これが『古事記』の編纂となったと伝えられている。『古事記』は、712年に元明天皇に献上されることとなった。

阿礼については、性別も含めてよくわかっていないことが多いが、阿礼の記憶力ありきで編纂されたのが『古事記』だったことは間違いないだろう。「かけがえのない人」とは阿礼のような人物のことを言うのかもしれない。

数字は決して忘れない、経営の天才・小林一三

阪急阪神東宝グループの創始者・小林一三は稀代のアイデアマンでもあった。住宅の月賦販売から、鉄道ターミナル事業、電車内の中吊り広告と、一三が仕かけたトレンドは、現在の我々の生活にも深く根付いている。

「経営の天才」とも称される一三だが、もともとは、うだつの上がらない銀行員だった。34歳のときに退職に踏み切り、実業家としての道を歩むこととなる。

一三は、13年に及んだ銀行員生活を、のちに振り返って「私にとっては耐えがたき憂鬱の時代であった」とさえ言っている。

だが、その経験は無駄ではなかったようだ。一三は異様に記憶力がよく、とくに数字はしっかり覚えており、部下はなかなかサボれなかったという。銀行員として日々数字と対峙した一三のキャリアが、経営者として大切な「記憶力」を培うことになった。

一三は78歳のときに自伝として『逸翁《いつおう》自叙伝』を出版。年を重ねるに連れて、記憶力も低下しやすいが、一三はこの『逸翁自叙伝』で青春時代もリアルな筆致で描き、周囲を驚かせた。

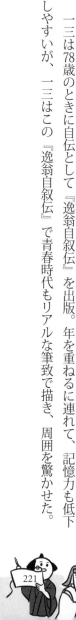

DIYしてそう

1位 花山《かざん》天皇

968年～1008年。冷泉《れいぜい》天皇の第1皇子として生まれた。母は藤《ふじ》原懐子《わらのかいし》。円融《えんゆう》天皇の譲位をうけ17歳で即位するも、藤原兼家《ふじわらのかねいえ》らの陰謀により出家。仏道に励み、和歌など諸芸に多才ぶりを発揮。『拾遺和歌集』の撰者とも。

2位 佐久間象山《さくましょうざん》

1811年～1864年。松代《まつしろ》藩の下級武士として生まれた。江戸に塾を開き、勝海舟《かつかいしゅう》や坂本龍馬《さかもとりょうま》をはじめ多数の門人に蘭学や洋式砲術を指導。藩主に「海防八策」を提唱するなど、生涯をかけて科学技術立国をめざした。

3位 榎本武揚《えのもとたけあき》

1836年～1908年。幕臣の次男として江戸に生まれる。長崎海軍伝習所に入所。オランダ留学後、海軍副総裁となる。江戸城の開城後、箱館五稜郭《はこだてごりょうかく》で官軍に抵抗するが降伏。明治新政府で海軍の要職や逓信大臣等を歴任。

実はアイデアマンだった花山天皇

より住みやすく、より自分らしい暮らしがしたい。コロナ禍をきっかけに、家で過ごす時間が見直されるなかで、そんな思いが高まっているようだ。

すでに「ブーム」の時期はすぎて「文化」として定着したとさえいわれるのが、「ＤＩＹ」（Do it yourself）、いわゆる「日曜大工」である。

現代社会によみがえったならば、タレントのヒロミばりに「ＤＩＹ」していそうなのが、平安時代中期に即位した花山天皇だ。

花山天皇といえば、奇行が多く、また女好きだったことで知られている。藤原《ふじわらの》道兼《みちかね》に「一緒に出家しましょう」と騙されて自分だけ出家させられた。その背景には、なんとしても孫を天皇にしたかった道兼の父・兼家《かねいえ》の思惑があり、花山天皇は退位に追い込まれる。

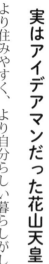

強烈な個性に激動の生涯と、情報量が多すぎるせいだろう。花山天皇の意外な才能についてはあまり知られていない。それは「クリエイター」としての才能である。

平安時代における、貴族の移動手段といえば「牛車《ぎっしゃ》」だが、花山天皇は牛車を入れる車庫に着目。内裏の車庫に傾斜を設けることで、緊急時に人の手を借りることなく、牛車が「カラカラと」自動的に出てくるしくみを考案したという。

『大鏡《おおかがみ》』では、そんな花山天皇のことを「ユニークなことをお思いつきになったものよ(おもしろくおぼしめしよりたることぞかし)」とそのアイデア力に感心している。

庭に植えられた桜の木を見たときには、こんなことを言い出した。

「桜の花は優美だが、枝の格好がごつごつして、幹の形なんかも嫌な感じだ。梢だけを見るのがいい」

そこで花山天皇が考えた方法というのは、『大鏡』によると「中門より外き植えさせ給へる」、つまり、塀の外側に、桜の木を植えることによって、幹を隠して桜の花のついた梢だけが、庭に入るようにしたのだという。

機能性からデザイン性まで目配りした花山天皇。「寝殿」と「対屋」を廊下でつなげる「寝殿造り」と呼ばれる屋敷の構造を考えたともいわれている。あふれ出るアイデアを自分で実現すべく、花山天皇が「DIY」に走る姿が目に浮かぶようだ。

大砲からガラスまで作った佐久間象山

日本史に名を残す歴史人物たちの業績を調べると「国家の財産だなあ」と思える人が少なからずいるが、自分でそう自認したのが、江戸時代後期に活躍した佐久間象山である。

自信家すぎて鼻につくからだろう。なかなか正当に評価されない人物だが、天才的な学

者だったことは確かである。幼少期からその才を発揮し、儒学者や兵学者、そして科学者としての顔を持ちながら、常に時代を先取りした思想家だった。

象山は蘭学の原書を読んで、日本で初めて、大砲やガラス製品の開発に成功している。そのほか、写真機や望遠鏡、地震予知器なども自分で作ってしまった。

その「なせば成る」という挑戦心こそが、まさに「ＤＩＹ」精神。気がついたら、あらゆるものを自作してしまいそうだ。「幕末の天才」は現代なら何を作っただろうか。

死を覚悟しながらも幕臣たちのために解説書づくりをした榎本武揚

間違いなく自分は死刑になるだろう――。箱館《はこだて》戦争で敗れた榎本武揚は、そう覚悟したに違いない。旧幕府軍を率いて、最後まで明治新政府軍に抵抗したのだから当然である。

ただ一つ、獄中で武揚が気がかりだったのが、旧幕臣たちのことだ。もともと、幕府に尽くしてきた旧幕臣たちの今後を案じたからこそ、明治新政府と戦う道を選んだ。戦いに敗れた今、少しでも旧幕臣たちの生活に役立てればと、武揚は、油類、せっけん、ロウソクの作り方などを本として残した。けっきょく、武揚は許されて明治新政府で活躍する。

いつも「人の役に立ちたい」と考えた武揚。困っている人に必要とされれば、ＤＩＹの方法を嬉々として教えてあげることだろう。

キレイ好き

1位 松下幸之助《まつしたこうのすけ》

1894年〜1989年。和歌山《わかやま》県生まれ。パナソニック（旧・松下電器産業）の創業者。「経営の神様」とも。ＰＨＰ研究所を設立し倫理教育に携わったほか、晩年は松下政経塾を立ち上げて、政治家の育成にも注力した。

2位 島秀雄《しまひでお》

1901年〜1998年。大阪《おおさか》府で鉄道技師・島安次郎《しまやすじろう》のもとに生まれる。鉄道省に入省後、数多くの蒸気機関車の設計に携わった。国鉄理事技師長に就任し、東海道新幹線の実現に尽力。十河信二《そごうしんじ》とともに「新幹線の父」とも。

3位 泉鏡花《いずみきょうか》

1873年〜1939年。石川《いしかわ》県生まれ。上京後、尾崎紅葉《おざきこうよう》の門下生となる。『夜行巡査』『外科室』など観念小説で流行作家となる。その後、浪漫主義的作風に転向し、独自の文学世界を築く。代表作に『高野聖《こうやひじり》』『日本橋』など。

松下幸之助を後押ししたトイレ掃除

一代で松下電器を創業した「経営の神様」と呼ばれる松下幸之助はことあるごとに、掃除の大切さを強調。その理由をこう語っている。

「掃除ひとつできないような人間だったら、何もできない。みなさんは、『そんなことはもう、三つ子の時から知っている』と思うかもしれないが、ほんとうは掃除を完全にするということは、一大事業です」

幸之助は、私財70億円を投じて松下政経塾を設立。国会議員、知事、市長、経営者など多くのリーダーを輩出している。入塾してまず命じられるのが、徹底した掃除である。

また、滋賀《しが》県草津《くさつ》市には、幸之助により設立された全寮制の松下幸之助商学院があり、1日3度の掃除が生活指導に組み込まれている。

幸之助が掃除を重視するようになったきっかけがある。創業5年目の29歳のときのことだ。年末の大掃除が終わって、工場を見回っていた幸之助は、どこもキレイに掃除してあるなかで、トイレだけは手付かずであることに気づく。当時は、水洗ではなかったため、汚物がこびりつきやすく、みなが暗に押し付け合った結果、誰もやりたがらなかったのだ。

幸之助は注意しようとしたが、誰もが傍観する姿勢そのものに問題があると考えて、行

動で示すべく、自らトイレ掃除を始めたという。現場には、のちの三洋電機副社長を務める後藤《ごとう》清一《せいいち》がおり、のちにこう振り返っている。

「雑巾を手に、私は夢中で飛び出した。私に続く者が2～3人いただろうか。いっせいに便所掃除をした。汚いとか、臭いなどという気持はまったくなかった」

幸之助自身も「はからずもこの便所の掃除をしたことが、私にとって得るところが実に多かったのである」と振り返った。

島秀雄はバターやパンすらまっすぐに並べた

幸之助は掃除を重視したが、仕事の効率を上げるうえでは「整理整頓」という観点も、重要となる。

鉄道技術者の島秀雄は、東海道新幹線を世に送り出したことで知られる。世界最速で、かつ、安全な新幹線は、島のこんなモットーがなければ生まれることはなかっただろう。

「鉄道は１００％安全であたりまえ。１００％の安全を期して、常に１２０％の努力を惜しまないことが、技術者として当然のモラルである」

島の完璧主義は仕事だけではなく、生活全般に及んだ。毎朝5時ぴったりに雨戸をあけて、6時5分前には朝食の席に着く。テレビでニュースを観ながら、朝食をとり、新聞に目を通すというルーティンを、定刻通りに行ったという。

それだけではない。仕事では、文具や製図用具、書類などをすべて直角に並べることにこだわった。朝食時もナイフやフォークなどの食器類、そして、バターやパンもテーブルに対して直角、水平に並べたという。そこ、こだわりますか……。

ここまでくると、ちょっと常軌を逸しているが、島のこだわりは、かわいい孫たちがやってきても、崩れることはなかった。玄関の靴が乱れていると、「直角、水平、垂直」とつぶやきながら、ステッキで整頓したとか。「新幹線の父」は「整理整頓の鬼」でもあった。

階段の「上」「中」「下」でフキンを分けた泉鏡花

小説家の泉鏡花は極度の潔癖症だった。とにかく神経質で、アルコールに浸した綿を入れた金属のケースをいつも持ち歩いて、何かあると綿で指をふいて消毒を行った。掃除も念入りに行い、食器用、棚用にフキンを分けただけではなく、階段は場所によってほこりの量が違うので、「上」「中」「下」でそれぞれ専用のフキンを使ったとか。細かすぎる……。

【参考文献】

菊池明編『土方歳三日記　上・下』（ちくま学芸文庫）
『増補新版 土方歳三』（文藝別冊／KAWADE夢ムック）
野田浩子『井伊家　彦根藩』（吉川弘文館）
中川三平『現代語訳 家忠日記』（ゆいぽおと）
大塚英子『小野小町　コレクション日本歌人選3』（笠間書院）
湯浅常山、大津雄一訳、田口寛訳『続々戦国武将逸話集―訳注『常山紀談』巻十六〜二十五』（勉誠社）
清少納言、河添房江訳注、津島知明訳注『新訂 枕草子 現代語訳付き〈上・下〉』（角川ソフィア文庫）
大林日出雄『御木本幸吉』（吉川弘文館）
関幸彦『北条政子』（ミネルヴァ日本評伝選）
勝海舟、江藤淳編、松浦玲編『氷川清話』（講談社学術文庫）
升田幸三『名人に香車を引いた男　升田幸三自伝』（中公文庫）
正岡子規『病牀六尺』（岩波文庫）
正岡子規『子規全集〈第8巻〉』（講談社）
水木しげる『ちゃんと食えば、幸せになる―水木三兄弟の日々是元気』（保健同人社）
谷崎潤一郎『疎開日記』（中公文庫）
板谷栄城『素顔の宮沢賢治』（平凡社）
牧野富太郎『牧野富太郎自叙伝』（講談社学術文庫）
山岸外史『人間太宰治』（ちくま文庫）
神津朝夫『長闇堂記　茶道四祖伝書（抄）』（淡交社）
菅野雅雄抄訳『現代語訳　日本書紀　抄訳』（新人物文庫）
馬場啓一『毀誉褒貶だから魯山人』（ギャラリーステーション）
大中尚一、小和田泰経監修『家康の本棚　天下人はどんな本をどう読み大成したのか』（日本能率協会マネジメントセンター）
毛利敏彦『江藤新平―急進的改革者の悲劇』（中公新書）
杉谷昭『江藤新平』（吉川弘文館）
広岡浅子『人を恐れず天を仰いで―復刊『一週一信』』（新教出版社）
永積安明、島田勇雄校注『古今著聞集』（岩波書店）
太田牛一、中川太古訳『現代語訳　信長公記』（新人物文庫）
大石泰史『今川氏滅亡』（角川選書）
鹿毛敏夫『大友義鎮』（ミネルヴァ日本評伝選）
磯田道史『素顔の西郷隆盛』（新潮新書）
三木麻子『源実朝　コレクション日本歌人選51』（笠間書院）
佐藤康宏『もっと知りたい伊藤若冲―生涯と作品　改訂版』（東京美術）
辻ミチ子『和宮』（ミネルヴァ日本評伝選）
岩沢愿彦『前田利家』（吉川弘文館）
黒田基樹編、浅倉直美編『北条氏康の子供たち』（宮帯出版社）
福田千鶴『徳川秀忠 江が支えた二代目将軍』（新人物往来社）
山本博文『徳川秀忠』（吉川弘文館）
田端泰子『日野富子』（ミネルヴァ日本評伝選）
田部井鉚太郎『福島正則伝』（福島正則公顕彰会）

浅見和彦訳『新編日本古典文学全集（51）十訓抄』（小学館）
佐藤正英『甲陽軍鑑』（ちくま学芸文庫）
小林吉弥『田中角栄名言集　仕事と人生の極意』（幻冬舎新書）
森慶三、市原硬、竹林弘『医聖華岡青洲』（医聖華岡青洲先生顕彰会）
八幡政男『幕末のプロカメラマン』（長崎書房）
大杉栄『大杉栄全集　第十三巻』（現代思潮社）
新人物往来社編『沖田総司読本』（新人物往来社）
森茂暁『足利尊氏』（角川選書）
長谷川ヨシテル『ポンコツ武将列伝』（柏書房）
伝記刊行会編『大村益次郎（復刻）』（マツノ書店）
木村紀八郎『大村益次郎伝』（鳥影社）
湯川秀樹『旅人 ある物理学者の回想』（角川ソフィア文庫）
山田風太郎『風眼抄　山田風太郎ベストコレクション』（角川文庫）
山本利達校注『新潮日本古典集成〈新装版〉紫式部日記 紫式部集』（新潮社）
笠谷和比古『徳川家康』（ミネルヴァ書房）
福沢諭吉、富田正文編『新訂 福翁自伝』（岩波文庫）
福島克彦『明智光秀 織田政権の司令塔』（中公新書）
本居宣長記念館編『本居宣長事典』（東京堂出版）
稲葉千晴『明石工作　謀略の日露戦争』（丸善出版）
泉三郎『伊藤博文の青年時代――欧米体験から何を学んだか』（祥伝社新書）
瀧井一博『文明史のなかの明治憲法』（講談社選書メチエ）
新人物往来社編『秋山真之のすべて』（新人物文庫）
瀧澤中『秋山兄弟　好古と真之』（朝日新書）
楠木誠一郎『秋山好古と秋山真之』（PHP文庫）
秋本吉郎校注『日本古典文学大系 2 風土記』（岩波書店）
清水文雄校注『和泉式部集・和泉式部続集』（岩波文庫）
江森陽弘『金子光晴のラブレター』（ペップ出版）
平塚らいてう『元始、女性は太陽であった―平塚らいてう自伝〈1〉～〈4〉』（国民文庫）
小倉博編、高橋富雄新訂『伊達政宗言行録―政宗公名語集』（宝文堂出版）
平湯晃『細川幽斎伝』（河出書房新社）
久住真也『幕末の将軍』（講談社選書メチエ）
高橋是清『高橋是清自伝』（中公文庫）
清水亮『中世武士 畠山重忠』（吉川弘文館）
東京大学史料編纂所編『大日本史料 第8編之18』（東京大学出版会）
磯田道史『殿様の通信簿』（新潮文庫）
山本みなみ『史伝 北条義時』（小学館）
元木泰雄『源義経』（吉川弘文館）
森茂暁『後醍醐天皇』（中公新書）
矢代和夫校注、加美宏校注『梅松論　源威集』（新撰日本古

典文庫）
佐々木雄一『陸奥宗光「日本外交の祖」の生涯』（中公新書）
佐々木克『岩倉具視　幕末維新の個性5』（吉川弘文館）
黒田基樹『戦国北条五代』（星海社新書）
川副博『龍造寺隆信　日本の武将45』（人物往来社）
高浜虚子、岸本尚毅編『新編 虚子自伝』（岩波文庫）
家近良樹『徳川慶喜 幕末維新の個性1』（吉川弘文館）
町田明広『島津久光　幕末政治の焦点』（講談社選書メチエ）
海老澤敏『瀧廉太郎　夭折の響き』（岩波新書）
時任英人『犬養毅 その魅力と実像』（山陽新聞社）
藤井茂「世界が愛した「国連の星」、最後まで日米の平和を求めて」（『歴史街道』2012年9月号）
レズリー・ダウナー、木村英明訳『マダム貞奴―世界に舞った芸者』（集英社）
朧谷寿『藤原道長』（ミネルヴァ日本評伝選）
繁田信一『殴り合う貴族たち』（柏書房）
平山優『武田氏滅亡』（角川選書）
笹本正治『武田信玄　伝説的英雄像からの脱却』（中公新書）
鈴木亨『新選組100話』（立風書房）
寺崎保広『聖武天皇　日本史リブレット人7』（山川出版社）
一坂太郎編 田村哲夫校訂『高杉晋作史料 全3巻』（マツノ書店）
一坂太郎『高杉晋作の手紙』（講談社学術文庫）
倉本一宏『藤原氏―権力中枢の一族』（中公新書）
杉田玄白、片桐一男全訳注『蘭学事始』（講談社学術文庫）
片桐一男『杉田玄白』（吉川弘文館）
廣野卓『卑弥呼は何を食べていたか』（新潮新書）
安藤優一郎『島津久光の明治維新』（イースト・プレス）
青木健『中原中也―盲目の秋』（河出書房新社）
青木健『中原中也―永訣の秋』（河出書房新社）
村上護『中原中也の詩と生涯』（講談社）
種田山頭火『新編　山頭火全集〈全8巻〉』（春陽堂書店）
金子兜太『種田山頭火―漂泊の俳人』（講談社現代新書）
福田千鶴『豊臣秀頼』（吉川弘文館）
長尾剛『大塩平八郎―構造改革に玉砕した男』（ベストセラーズ）
新井白石、松村明校注『折たく柴の記』（岩波文庫）
兼好法師、小川剛生訳注『新版 徒然草 現代語訳付き』（角川ソフィア文庫）
中山茂『野口英世』（岩波書店）
津山市教育委員会編『森家先代実録』（津山市教育委員会）
田端泰子『細川ガラシャ』（ミネルヴァ日本評伝選）
元木泰雄『源頼朝　武家政治の創始者』（中公新書）
渡部治『西行』（清水書院）
永井荷風『荷風思出草』（毎日新聞社）
小門勝二『永井荷風の生涯』（冬樹社）
長宗我部友親『長宗我部』（文藝春秋）

梶原正昭校注、山下宏明校注『平家物語（1）〜（4）』（岩波文庫）
渋沢栄一、守屋淳編『現代語訳 渋沢栄一自伝「論語と算盤」を道標として』（平凡社新書）
谷邦夫『評伝 若山牧水 生涯と作品』（短歌新聞社）
石渡洋平『上杉謙信 シリーズ・実像に迫る14』（戎光祥出版）
家近良樹『酔鯨 山内容堂の軌跡 土佐から見た幕末史』（講談社現代新書）
犬田忠之『「酒」と「そば」と』（幻冬舎）
入交好脩『武市半平太—ある草莽の実像』（中央公論新社）
森公章、日本歴史学会編『阿倍仲麻呂』（吉川弘文館）
芳賀徹『平賀源内』（ちくま学芸文庫）
藤田覚『田沼意次』（ミネルヴァ日本評伝選）
鎌田慧『反骨のジャーナリスト』（岩波新書）
星埜由尚『伊能忠敬 日本史リブレット人57』（山川出版社）
中野等『石田三成伝』（吉川弘文館）
北村純一『伊賀の人・松尾芭蕉』（文春新書）
飯島虚心、鈴木重三校注『葛飾北斎伝』（岩波文庫）
木村時夫『知られざる大隈重信』（集英社新書）
エピソード大隈重信編集委員会編『エピソード大隈重信』（早稲田大学出版部）
魚住孝至『宮本武蔵』（岩波新書）
佐々木克監修『大久保利通』（講談社学術文庫）
高橋昌明『平家の群像』（岩波新書）
河合靖峯、福田清人編『人と作品 森鷗外』（清水書院）
森茉莉『父の帽子』（講談社文芸文庫）
川崎桃太『フロイスの見た戦国日本』（中公文庫）
夏目伸六『父・夏目漱石』（文春文庫）
山口県教育会編『吉田松陰全集』（大和書房）
松尾正人『木戸孝允 幕末維新の個性8』（吉川弘文館）
橋本千代吉『火の車板前帖』（ちくま文庫）
西田友広編『吾妻鏡』（角川ソフィア文庫）
一坂太郎『わが夫 坂本龍馬 おりょう聞書き』（朝日新書）
鶴見俊輔『評伝 高野長英』（藤原書店）
芥川文、中野妙子『追想 芥川龍之介』（中公文庫）
安藤精一『徳川吉宗のすべて』（新人物往来社）
小和田哲男『豊臣秀吉』（中公新書）
森茂暁『室町幕府崩壊 将軍義教の野望と挫折』（角川選書）
高澤憲治『松平定信』（吉川弘文館）
母利美和『井伊直弼 幕末維新の個性6』（吉川弘文館）
金松誠『松永久秀 シリーズ・実像に迫る9』（戎光祥出版）
青柳恵介『風の男 白洲次郎』（新潮文庫）
久野明子『鹿鳴館の貴婦人大山捨松 日本初の女子留学生』（中公文庫）
伊藤なお枝『清正公の南蛮服』（花乱社）
徳富蘇峰『弟徳冨蘆花』（中公文庫）

麻生太郎『祖父・吉田茂の流儀』（ＰＨＰ研究所）
石川啄木、桑原武夫編訳『啄木・ローマ字日記』（岩波文庫）
神坂次郎・南方文枝「対談・父熊楠の素顔」（『南方熊楠（新文芸読本）』所収　河出書房新社）
倉野憲司校注『古事記』（岩波文庫）
清水雅『小林一三翁に教えられるもの』（梅田書房）
倉本一宏『敗者たちの平安王朝 皇位継承の闇』（角川ソフィア文庫）
大平喜間多『佐久間象山』（吉川弘文館）
榎本隆充編、高成田享編『近代日本の万能人 榎本武揚』（藤原書店）
『PHP Business Review　松下幸之助塾』（２０１２年９・10月号、ＰＨＰ研究所）
高橋団吉『新幹線をつくった男　伝説のエンジニア・島秀雄物語』（ＰＨＰ 研究所）
福田清人、浜野卓也共編『人と作品 泉鏡花』（清水書院）
瀬木慎一『ピカソ』（集英社新書）
近衛秀麿『ベートーヴェンの人間像』（音楽之友社）
浜田和幸『快人エジソン』（日本経済新聞社）
真山知幸『企業として見た戦国大名』（彩図社）
真山知幸『なにかと人間くさい徳川将軍』（彩図社）
清水正晴『《ドラキュラ公》ヴラド・ツェペシュ』（現代書館）
アンリ・トロワイヤ／工藤庸子訳『イヴァン雷帝』（中央公論新社）
山田寛『ポル・ポト〈革命〉史 虐殺と破壊の四年間』（講談社選書メチエ）

著者略歴

1979年、兵庫県に生まれる。著述家、偉人研究家。2002年、同志社大学法学部法律学科卒業。業界誌出版社の編集長を経て、2020年より独立。偉人や名言の研究を行い、『ざんねんな偉人伝』『ざんねんな歴史人物』（以上、学研プラス）は計20万部を突破しベストセラーとなった。徳川慶喜や渋沢栄一をテーマにした連載で「東洋経済オンラインアワード2021」のニューウェーブ賞を受賞。名古屋外国語大学現代国際学特殊講義、宮崎大学公開講座などで講師活動も行う。

『実はすごかった!?嫌われ偉人伝』（日本能率協会マネジメントセンター）、『偉人メシ伝』『偉人名言迷言事典』（以上、笠間書院）、『逃げまくった文豪たち』（実務教育出版）など著作は60冊以上。YouTube「真山知幸チャンネル」でも発信しながら、4児の父として育児に執筆にと日々奮闘中。

ひょんな偉《い》人《じん》ランキング

——たまげた日《に》本《ほん》史《し》

二〇二四年一一月八日　第一刷発行

著者　真《ま》山《やま》知《とも》幸《ゆき》

発行者　古屋信吾

発行所　株式会社さくら舎　http://www.sakurasha.com

東京都千代田区富士見一-二-一一　〒一〇二-〇〇七一

電話　営業　〇三-五二一一-六五三三　ＦＡＸ　〇三-五二一一-六四八一

編集　〇三-五二一一-六四八〇　振替　〇〇一九〇-八-四〇二〇六〇

装丁　村橋雅之

装画・本文イラスト　なんかの菌

本文デザイン・ＤＴＰ　土屋裕子　田村浩子（株式会社ウエイド）

印刷・製本　株式会社新藤慶昌堂

ISBN978-4-86581-442-2